Don't Pick On Me

Help for Kids to Stand Up to & Deal with Bullies

美国儿童 反欺凌训练手册

帮助孩子摆脱欺负和嘲笑的心理课

［美］苏珊·艾考芙·格林（**Susan Elkov Green**）

姜　上◎译

北京科学技术出版社

著作权合同登记号 图字：01-2017-4387

图书在版编目（CIP）数据

美国儿童反欺凌训练手册 /（美）苏珊·艾考芙·格林著；姜上译 .-- 北京：北京科学技术出版社，2024.1（2024.8 重印）
书名原文：Don't Pick On Me: Help for Kids to Stand Up to and Deal with Bullies
ISBN 978-7-5714-3364-2

Ⅰ.①美… Ⅱ.①苏… ②姜… Ⅲ.①校园—暴力行为—预防—儿童读物 Ⅳ.① G474-49

中国国家版本馆 CIP 数据核字（2023）第 217644 号

策划编辑：孙晓敏　金秋玥
责任编辑：路　杨
责任校对：贾　荣
图文制作：博越创想
责任印制：吕　越
出 版 人：曾庆宇
出版发行：北京科学技术出版社
社　　址：北京西直门南大街 16 号
邮政编码：100035
电话传真：0086-10-66135495（总编室）　0086-10-66113227（发行部）
网　　址：www.bkydw.cn
经　　销：新华书店
印　　刷：三河市华骏印务包装有限公司
开　　本：710 mm × 1000 mm　1/16
字　　数：150 千字
印　　张：13.25
版　　次：2024 年 1 月第 1 版
印　　次：2024 年 8 月第 2 次印刷
ISBN 978-7-5714-3364-2

定　　价：59.80 元

推荐序
恰青春年少

我是一名心理科学工作者，主要从事家庭与儿童和青少年身心健康发展的研究与咨询工作，每年会接触大量儿童和青少年的案例。今年三月初，北京科学技术出版社编辑找到我让我给这套书写一篇推荐序，简单了解主题后，我欣然应允。通读了出版社发来的样稿，不禁赞叹这一套书真的非常棒，指导意义和实操性非常强，让我受益匪浅。

简单来看，这套书共四本，关注的主题分别是欺负、社交、专注力和情绪管理。但仔细一品，四个主题之间有着密切的内在联系。我们太需要社交了，青少年更是如此；但社交并不总是愉悦的，常发生被排挤或欺负的现象，这些经历让我们难过；如何在社会交往中如鱼得水，情绪管理正是其中一种重要的能力，而这背后的核心恰恰是来自专注的力量。

谁让我们是社会人

幸福是什么？你可能会说是金钱，是权力，是地位，是亲情，是友情，抑或是爱情。每个人可能有属于自己当下的回答。2015年，美国哈佛大学成人发展研究项目主任 Robert Waldinger 在 Ted 的演讲“What makes a good life? ”（如何成就好的一生）为我们提供了一个普适性的答案：Good relationships keep us happier and Healthier（好的关系让我们更加健康和幸福）。好的关系并不仅限于家庭内的关系。特别是随着孩子长大，好的关系越来越强调家庭以外的社会关系。

你可能有过如此经历：你和另外两个伙伴在一块聊天，聊着聊着，他俩聊起了彼此感兴趣但你不熟悉的话题，此时此刻，你可能会产生一种强烈的被排斥感或类似心痛的感觉。这种现象在心理学中被称为“social exclusion（社会排斥）”，引发的不悦感被称为“social pain（社会疼痛）”。之所以称之为“疼痛”，是因为我们人类的人脑为了能高效工作而使用同一片大脑区域来管理社会疼痛和生理疼痛的反应。

社会排斥仅仅是社会交往中的一种很常见的现象，如何避免和应对是我们需要掌握的一项技能。此外，倾听、分享、尊重、赞美、原谅、礼仪以及学会拒绝等，都是社会交往过程中需要掌握的诸多技能。这套书中给出了丰富的、具体的实操建议，帮助你从容地应对社交。纯真的儿时友谊是人一生的财富。恰青春年少，我想，这本书能助你成为一名合格的社会人。

向欺负 say“No!”

当然，社会交往体验经常是不那么顺心如意的，例如被别人欺负的时候。

每当在互联网上看到校园霸凌的新闻，心里很不是滋味，特别是在自己为人父母之后。

除了霸凌，其他诸如排挤、起绰号、嘲笑等也属于欺负行为。有些孩子之所以欺负他人是因为自己曾经遭受欺负，而有些孩子可能是因为自己的一些特点而经常被欺负。回想起自己念初中时也见识过同学之间形形色色的欺负行为。正巧最近在做一些关于人际拒绝的资料整理工作，发现同学之间是欺负的一个重灾区。互联网时代，网络欺凌或网络暴力也同样可怕。事实上，在家庭中，来自兄弟姐妹的欺负也是经常发生，而且对孩子身心健康造成的影响似乎不亚于同龄人的欺凌。成年人的职场世界同样如此；最近上映的电影——《大赢家》巧妙地描写了这一现象。

于你我而言，如何向欺负 say “No”！如何让自己不去欺负他人和不被他人欺负！如何即便被欺负了也能保持积极乐观，以及如何做一个合格的旁观者才是关键。正恰青春年少，我想，这本书会帮你我找到答案。

情绪管理修炼术

社会人还有一个突出特点就是情绪丰富。论及情绪，你可能好像很清楚，但细想好像又不知道它到底是什么。看到同学受到老师的表扬，你可能为他高兴，但也有可能会羡慕他，甚至可能会嫉妒他。高兴、羡慕和嫉妒都是情绪，只不过相比于高兴，羡慕和嫉妒更社会。2017 年的加利福尼亚大学伯克利分校的研究团队发表了一项研究，指出人类至少有 27 种社会情绪。当然，更多的人评论道“可能远不止 27 种”。尽管如此，人类所有的社会情绪都是由最基本的 6 种原始情绪发展而来的，它们分别是喜、惊、悲、厌、怒、恐。对于这个的理解，或许 2015 年的动画电影《头脑特工队》（*Insido Out*）对你会有所帮助。

单拿“怒”（愤怒、生气）来说一下，这种基本情绪对我们人类社会交往的破坏力最强。试想，哪一次吵架不是因为愤怒。有些人很容易发怒，生气起来脸憋得通红，呼吸加速——“怒发冲冠”，甚至可能会攻击其他人。有些人则可能会选择攻击自己。是的，你不用惊讶，人的情绪表现和长相一样，千差万别。

愤怒的破坏力那么强，我们每一个人都有必要学习去管理好自己的愤怒情绪。心理科学研究表明，管理情绪的能力其实和语文或数学的能力一样，也是可以通过练习得以提升的。正恰青春年少，我想，这本书能助你成为情绪的主人。

专注的力量

从心理科学的角度出发，社会交往、欺负行为、情绪管理，当然也包括学习成绩和心理健康，其实都是一个人的专注力在不同方面的表现。特别是在今天这个信息时代，专注是一个人的毕生财富。可是，从近些年接触或听闻的关于多动症儿童的案例来看，似乎存在专注问题的儿童越来越多。有些人将其归结为是电视、电脑、手机，以及其他设备嵌入生活的原因；有些人归结为是家庭规模和家庭生活方式转变的原因；当然，也有人归结为是父母因为工作忙而无暇照顾孩子的原因。Whatever！至少有一点可以肯定的是多动的症状不会随着长大自然而然地消失，反而会让孩子在人际关系、学业表现、心理健康等方面不断遇到挑战。甚至，成家立业后还可能将自己的多动表现代际传递给下一代。这不是耸人听闻。

多动和多动症还是有区别的，因为多动的孩子不一定是多动症。是否达到多动症的临床诊断标准，这个需要交给专业的医疗机构。不过，多动是可以改善的，专注是可以训练的。再次强调，专注以及情绪管理能力其实都是我们大脑功能的表现。大脑在某种程度上和我们的肌肉很类似，越练越发达，遵循“用进废退”原则。所以，选用科学的方法对孩子进行引导训练对于提升孩子的专注力特别有意义。恰青春年少，我想，书中介绍的好多好多方法绝对会对孩子有所帮助。

如果从家庭教育的角度出发，孩子的社会交往和自我调控等能力的发展主要是家庭社会化或家长言传身教的结果，其次是在学校的历练。这些其实都不够。有时，我们的确需要借助一些外部力量。恰青春年少，这套书或许正是那样一股有形的力量。

我特别欣赏这套书中每一本书的主题。没有那么学究，而是实实在在地道出了孩子们的心声，也表达了作者的创作意图。是的，分心多动不可怕，可怕的是不以为然，任其发展；没有坏孩子，你的孩子只是在情绪管理能力上需要一些训练，就好像只要多加练习就能弹奏好某个曲目一样；教育孩子不去欺负别人，也教他如何不被别人欺负；掌握一些属于孩子的社交技巧，每个孩子都能成为社交达人。恰青春年少，我相信套书中的每一条针对性的训练都将于你的孩子大有裨益。

是为弁言。

蔺秀云

2020年3月

前言

- 被打或者被推是被欺负吗?
- 被戏弄或被嘲笑是被欺负吗?
- 被比你大的孩子捉弄是被欺负吗?
- 被别人在背后议论是被欺负吗?
- 欺负是被起绰号吗?
- 欺负是让你陷入尴尬或让你感觉很傻、很害怕吗?

欺负包括以上所有行为，甚至还包括更多。

每个人都会在某个阶段不得不面对欺负，不遭遇欺负几乎是不可能的，因为有很多孩子会做出欺负的行为。大多数欺负别人的孩子是想获得控制感，欺负别人让他们感到有力量；有的孩子欺负别人是因为他们自己被欺负过，欺负者或许是哥哥、姐姐或父母，他们认为这是一种正常的行为方式；有的孩子欺负别人是因为他们认为欺负别人会使他们成为大家注意的中心，他们会因此而更受大家欢迎。

如何识别欺负者？不是所有的欺负者都是相同的，所以你不可能仅通过外表分辨谁是欺负者，但你可以通过他们的行为区分。

如果你对被人欺负束手无策，那么你要好好想一想。你不必忍受欺负，没有人应该被欺负！这本书专门讲欺负这个问题，书中的活动包括为你提供不同的策略，并使你学会如何用这些策略帮助自己。

现在，让我们开始吧。当你完成了书中介绍的活动，你会说：

“不要欺负我！我知道怎样面对欺负！”

Contents

目　录

Activity 1

活动1　什么是欺负

·你要知道· 欺负是指一个人故意嘲笑、戏弄另一个人，或者对他人进行身体上的攻击与伤害。大多数人，包括儿童和成年人都曾遭受过欺负，没有遭受过欺负几乎是不可能的。

欺负有许多种表现类型，每一种表现类型都不相同。

- 有些欺负是利用言语伤害他人。欺负者会嘲笑别人、给别人取不好的绰号，或者辱骂、命令、吓唬、威胁别人。

例如，丹尼尔叫奥利维亚“胖猪”，因为奥利维亚有点儿胖。

- 有些欺负是欺负者散播谣言或故意排挤某个孩子，让其他孩子与自己一起冷落这个孩子。

例如，妮可不喜欢罗伯特，因为罗伯特数学学得很好，而她自己数学学得并不好。因此，她到处散播罗伯特的谣言，说罗伯特在数学测验中作弊。

- 有些欺负涉及推搡或者打人，以及欺负者故意拿走、毁坏不属于自己的东西。

例如，艾迪在威利下楼时故意推他。

并不是所有喜欢欺负别人的人都去招惹自己不喜欢的人，有些人喜欢欺负自己的朋友。

例如，旺达希望朋友们按照她的“规矩”做事，她觉得鲁提希亚并没有遵守她的“规矩”，因此她不再和鲁提希亚说话，并且让其他的朋友也不要跟鲁提希亚说话。

Share 你身边有欺负者吗？他们是否给你或者他人带来了麻烦？

For you 你要做的

你一般多久会遇到一次欺负？包括你自己被欺负，以及你知道或者看到的别人被欺负。对照下面的列表，看看这些情况是“经常”“有时”还是“从不”发生（在相应的选项下打√）。

你是否见过有人有以下行为：

	经常	有时	从不
• 给别的孩子起难听的绰号？	……	……	……
• 故意拿走其他孩子的午餐？	……	……	……
• 故意排挤某个孩子？	……	……	……
• 散播关于某个孩子的谣言？	……	……	……
• 取笑某个孩子的长相？	……	……	……
• 仅仅为了开心和取悦其他孩子而故意使某个孩子感到难堪？	……	……	……
• 尽管某个孩子不喜欢，却还故意给他起绰号？	……	……	……

	经常	有时	从不
• 对某个孩子做过分的恶作剧？	……	……	……
• 捉弄一个不会还手的孩子？	……	……	……
• 因为愤怒而打人？	……	……	……
• 拿走其他孩子的物品并故意毁坏它？	……	……	……
• 串通其他孩子，合伙对付一个弱小的孩子？	……	……	……
• 让其他孩子不要跟某个孩子说话？	……	……	……
• 对其他孩子说："你最好给我小心点儿！"	……	……	……

欺负对你来说是不是一个大麻烦，为什么？

……………………………………………………

For you 更多你要做的

如果你知道可能会在哪里遇到欺负，你就不会因此而感到手足无措了。你多久会在以下场合见到欺负行为？请在代表不同发生频率的数字上打√。

	1=几乎从不	2=有时	3=经常
• 公交车站	1	2	3
• 校车上	1	2	3
• 教室里	1	2	3
• 食堂里	1	2	3
• 学校卫生间	1	2	3
• 公园	1	2	3
• 操场空地上	1	2	3
• 家里	1	2	3

你能想出其他可能会发生欺负行为的场所吗？如果有，请写下来并做出评分。

……	1	2	3
……	1	2	3
……	1	2	3

Activity 2

活动2　被欺负会让你的心理产生什么感受：难过、害怕还是其他

·你要知道· 遭受欺负会给人带来许多不同的感受，而对付它们的第一步，就是明确这些感受是什么，给这些感受起个名字。

当有人欺负你时，你可能会说：“我感觉不好受。”“不好受”这个词并不能完整或确切地表达你的感受。“不好受”可以用来描述许多事情，从胃痛到考试考砸了，再到弄坏妈妈最心爱的相框。被人欺负会给人带来许多不同的感受，你可以用很多词汇来表达这些感受。

- 伊莎贝拉会在走进女更衣室时感到紧张，因为她担心凯特琳会在那里，凯特琳经常会拽她的头发。
- 亚当会在迪伦嘲笑他跑步的样子时感到难堪。
- 当艾娃及她的朋友们不和杰西梅坐在一起吃午饭时，杰西梅会感到孤单和伤心。

给你的感受起个名字，将有助于你应对这些令人烦忧的事情。学会识别与应对你的感受是很重要的，这样一来它们就不会使你感到压抑了。

For you
你要做的

A列展示的是一系列当你在受到欺负时可能会产生的感受，B列呈现的是对某种感受的定义。请用连线将A列中的词与B列中相对应的定义连接起来。如果你不知道答案，请查字典。

A列	B列
孤独的	生病的，疼痛的
困惑的	不好意思的，难为情的
尴尬的	感到忧虑不安
悲伤的	愚笨无知的
愤怒的	感到羞耻和惭愧
痛苦的	畏惧，害怕
担忧的	不愉快的，伤心难过的
恐惧的	无法镇静的，慌乱的
愚蠢的	非常气愤的
羞愧的	身体或精神感到非常难受
紧张的	感到疑惑，不知道该怎么办
身体不舒服的	没有朋友

参考答案：

1）孤独的：没有朋友；2）困惑的：感到疑惑，不知道该怎么办；3）尴尬的：不好意思的，难为情的；4）悲伤的：不愉快的，伤心难过的；5）愤怒的：非常气愤的；6）痛苦的：身体或精神感到非常难受；7）担忧的：感到忧虑不安的；8）恐惧的：畏惧害怕；9）愚蠢的：愚笨无知的；10）羞愧的：感到羞耻和惭愧；11）紧张的：无法镇静的，慌乱的；12）身体不舒服的：生病的，疼痛的

你还可以想到欺负可能带来的其他感受吗？如果你能想到，请把它们写下来。

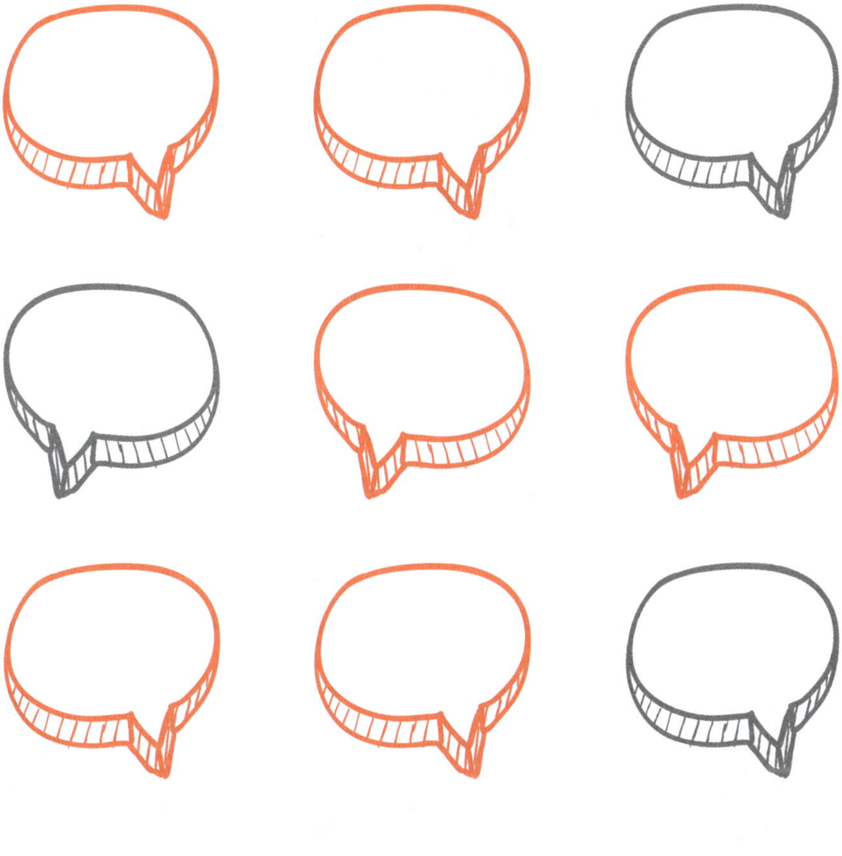

For you 更多你要做的

想象一下以下情景如果发生在你身上，你会有怎样的感受，然后请将这些感受写下来。你可以参考上一页所列出的各种感受，或者你自己想到的任何一种感受。

路易斯走进教室，然后在自己的座位上坐了下来。可他又迅速地跳了起来，因为竟然有人往他的座位上泼了水！其他同学看到这一幕后，都开始笑他。

Idea 如果你是路易斯，会有什么感受呢？

明迪在自己生日时得到了一辆崭新的自行车，她很喜欢它并且引以为豪。但是，当她骑着自己心爱的自行车路过一些比自己年龄大的孩子时，他们却嘲笑她的这辆自行车，并且朝她喊“你的自行车看起来真幼稚！”

Idea 如果你是明迪，会有什么感受呢？

当哥哥威尔回家时，杰西正在路旁玩投篮游戏。威尔告诉杰西，让他赶紧回到屋里去，因为他和他的朋友们要在这儿打篮球。杰西就说："这不公平，是我先到的这里的。"哥哥威尔却回答："少废话，赶紧给我离开，否则你会后悔的！"

Idea 如果你是杰西，会有什么感受呢？

谢尔比与克里斯蒂是好朋友，经常在乘公交车时坐在一起。但最近几天，克里斯蒂却和另一个女孩坐在了一起。当谢尔比询问她原因时，克里斯蒂却怎么也不肯回答，假装谢尔比并不在那里。

Idea　如果你是谢尔比，会有什么感受呢？

课上，巴克女士将学生们分成几个小组来准备一个派对。简所在的小组负责装扮教室，但是组里的其他孩子并不肯接纳她，也不问她有什么想法，他们甚至在组织开会时也不告诉她。

Idea 如果你是简，会有什么感受呢？

Activity 3

活动3 被欺负会让你的身体产生什么感受：疼痛和伤害

·你要知道· 被欺负会带来许多心理感受，例如愤怒、悲伤或恐惧；也会带来一些身体上的感受，例如头痛或者胃痛。

当你担心、害怕或不舒服时，你就会感受到压力，而压力不仅仅会导致头痛或胃痛，有的孩子还会在感到压力的时候长皮疹，有的孩子会呼吸不顺畅，还有一些孩子则会难以入睡。

当你感到有压力时，有一些方法可以帮助你缓解这些痛苦，让你好受一点儿。

For you 你要做的

下面列出的是一些孩子在遭受欺负时会产生的身体方面的反应。对照下面的列表，看一看你多久会出现一次这些症状（请在对应的横线上打√）。如果你有其他身体方面的感受，请把它们添到列表中。

当我被欺负时，我会感到：

	经常	有时	从不
• 胃痛	……	……	……
• 头痛	……	……	……
• 闷热，出汗	……	……	……
• 寒冷，发抖	……	……	……
• 恶心，想要呕吐	……	……	……
• 神经紧张	……	……	……
• 眩晕	……	……	……
• 呼吸不畅	……	……	……
• 浑身疼痛	……	……	……
• ………………	……	……	……

For you

更多你要做的

应对压力的一个非常好的做法是，尽量不去想那些正在困扰你的事情。如果压力使你感到不适，你可以参考下面这些办法，看一看这些办法是否可以帮助你。

	有用	一般	没用
• 做几次深呼吸	……	……	……
• 数数，从1数到10，直到镇静下来	……	……	……
• 闭上双眼，想一些平静而轻松的事情	……	……	……
• 跑步	……	……	……
• 投篮	……	……	……
• 骑自行车	……	……	……
• 滑冰	……	……	……
• 弹奏乐器	……	……	……
• 与朋友交谈	……	……	……
• 读书	……	……	……
• 听音乐	……	……	……

还有其他你觉得可以尝试着做的事情吗？请把它们写下来。

Activity 4

活动4　看起来勇敢，表现得勇敢

·你要知道· 被欺负往往发生在那些看起来胆怯、表现得胆小的人身上。如果你能够使自己看起来很勇敢并且表现得很自信，你可能就不会受欺负了。

你的外表以及行为举止，会给可能想要欺负你的人传递一些信息。

每天，布兰登上学的时候都会遇到一些孩子，米基是其中之一。米基长得很壮实，说话声音也大，看起来挺吓人的，布兰登很怕他。因此，无论在什么时候遇到米基，布兰登都会把自己的头低下来或者转过脸去，并在心里默默祈祷米基不要发现自己。但是，米基发现了布兰登，并且觉得布兰登很好欺负。

布兰登并没有意识到，自己正在给米基传递一种信息："我怕你。"对一些喜欢欺负他人的人来说，这种信号表示："我敢打赌这个小孩很好欺负，我有能力对付他。"

布兰登应该怎么办呢？他可以改变自己的表情和行为。

这并不意味着他不再害怕了，而是意味着他不会再表现出害怕了。他将不会再发出这样的信号："对你来说，我很好欺负。"与此相反，他所传递出的信号是："不要欺负我。"

这样做，或许可以在一开始就阻止欺负事件的发生！

Foryou

你　要　做　的

你知道你的身体在某种意义上会说话吗？这就是所谓的肢体语言。尽管不使用任何词汇，你的身体却可以“说”出关于你的许多事情。

你认为下面图中的两个孩子的肢体语言在表达什么呢？用×标出你认为他的身体在说“我很害怕”的孩子，用圆圈标出你认为他的身体在说“不要欺负我”的孩子。

当你低着头、皱着眉、无精打采、坐立难安时，你的身体就像是在说："我怕你。"

当你与他人有眼神交流、微笑、昂首挺胸地站着时，你的身体就仿佛在说："我是勇敢的，我不害怕。"

要记住，这样做并不意味着你不会感到害怕，而是在表达你看上去没那么害怕。这样做会在很大程度上帮助你远离受欺负。

所以，尝试着这样做吧。站在镜子前或者站在某个人面前练习一下。要站直，不要坐立不安，露出微笑，并且勇敢直视你面前的人的眼睛。

更多你要做的

有种方法可以使你看起来很勇敢、表现得也很勇敢，那就是自我对话。自我对话，正如它的字面意思，指的是与你自己谈话，只不过这种谈话发生在你的大脑中，就像你和自己内心的声音进行一场安静的交谈。你可以通过自我对话来提醒自己保持勇敢、表现得勇敢。

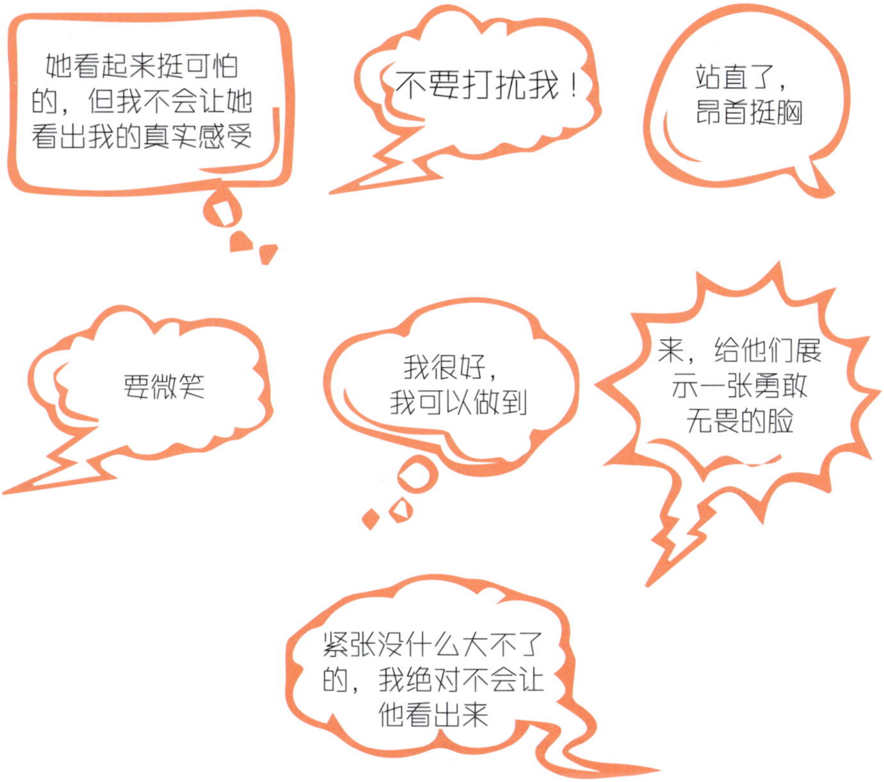
她看起来挺可怕的，但我不会让她看出我的真实感受
不要打扰我！
站直了，昂首挺胸
要微笑
我很好，我可以做到
来，给他们展示一张勇敢无畏的脸
紧张没什么大不了的，我绝对不会让他看出来

当你乘坐公共汽车、穿过走廊或者走进教室时，你可以使用自我对话；当你坐在食堂里、在公园玩耍或者去上体育课时，你可以进行自我对话。不管你在哪里，你都可以使用这些信息帮助自己。

如果你觉得还有其他可以告诉自己，从而帮助自己看起来勇敢、表现得勇敢的句子，就请写下来，然后练习说给自己听。

Activity 5

活动5　看起来很好，感觉很好

· 你要知道 · 你看起来的样子，也就是你的外表，会透露许多关于你的信息。拥有整洁的外表不仅可以使你看起来更好，还可以使你更自信。

在活动4中，你已经了解了肢体语言会透露许多你的信息。其实，你的外表也会透露出很多你的信息。你的外表就是你的形象、容貌，也就是别人看到的那个你。良好的形象不仅会使他人感到你很自信，还会使你实际上变得更加自信，因为良好的形象会使你感觉良好！

例如，哈莉的头发总是被梳理得顺顺的，手掌和指甲都很干净，衣服很整洁。然后我们来看一下劳拉：她总是忘记系鞋带，头发看起来总是乱糟糟的，手也总是脏脏的。

你觉得她们中的哪一个更容易被欺负呢？要记住，喜欢欺负他人的人总是倾向于捉弄那些看起来不够自信的孩子，而形象良好、感觉良好会使你更加自信。

For you 你要做的

拥有良好形象的最佳方法就是搞好个人卫生。良好的个人卫生意味着你要照顾好自己的身体，养成良好的生活习惯，这样你就会使自己看起来整洁干净。你是怎样评价自己的个人卫生情况的呢？请在相应的横线上打√。

	经常	有时	并不经常
• 你每天至少刷两次牙吗？	……	……	……
• 你每天都洗澡吗？	……	……	……
• 你经常洗头发吗？	……	……	……
• 你每天都穿干净的衣服吗？	……	……	……
• 你每天都换内衣内裤吗？	……	……	……
• 你每天梳头发吗？	……	……	……
• 你的手掌和指甲每天都能保持干净吗？	……	……	……

随着你的成长，还有更多关于个人卫生方面的问题。

如果你已进入青春期，你会做以下这些事吗？

	经常	有时	并不经常
• 使用除臭剂吗？	……	……	……
• 用肥皂洗脸预防青春痘吗？	……	……	……
• 在上床睡觉之前洗脚吗？	……	……	……

你是怎样评价自己的？你需要在个人卫生方面进行改善和提高吗？如果你需要，请制订一个目标与计划，并实施这个计划。

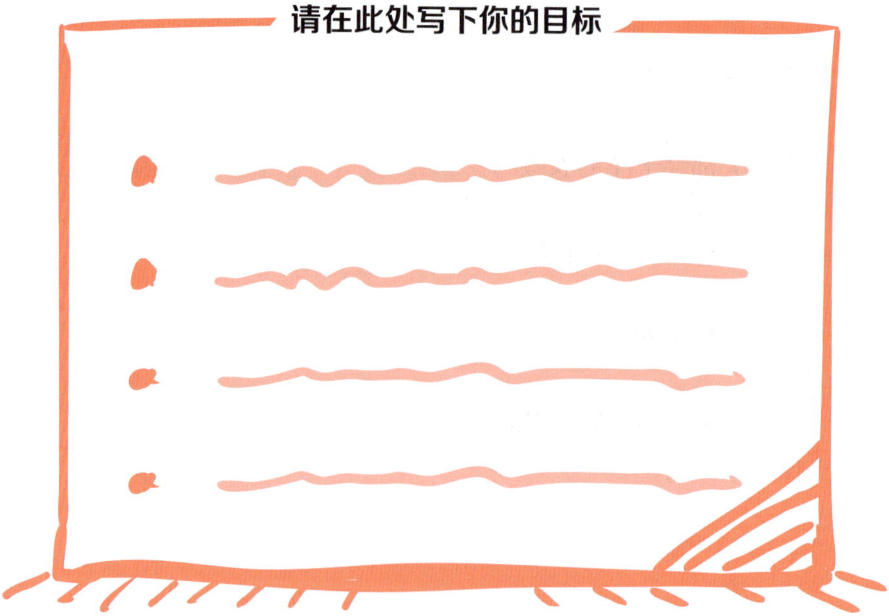

For you

更多你要做的

通过保持个人卫生使你的外表变得整洁干净，你就会自我感觉良好，进而感到自信。请在上学日使用下面这个表格监督自己的个人形象与个人卫生。当然你也可以复制这个表格，在周末或假期使用。

个人形象检查表

周一	周二	周三	周四	周五
□我刷过牙了	□我刷过牙了	□我刷过牙了	□我刷过牙了	□我刷过牙了
□我洗过澡了	□我洗过澡了	□我洗过澡了	□我洗过澡了	□我洗过澡了
□我的头发是干净的并且梳理过	□我的头发是干净的并且梳理过	□我的头发是干净的并且梳理过	□我的头发是干净的并且梳理过	□我的头发是干净的并且梳理过
□我穿着干净的内衣内裤	□我穿着干净的内衣内裤	□我穿着干净的内衣内裤	□我穿着干净的内衣内裤	□我穿着干净的内衣内裤
□我的衣服是干净整洁的	□我的衣服是干净整洁的	□我的衣服是干净整洁的	□我的衣服是干净整洁的	□我的衣服是干净整洁的
□我的鞋带系好了	□我的鞋带系好了	□我的鞋带系好了	□我的鞋带系好了	□我的鞋带系好了
□我看起来状态不错	□我看起来状态不错	□我看起来状态不错	□我看起来状态不错	□我看起来状态不错
□我感觉良好	□我感觉良好	□我感觉良好	□我感觉良好	□我感觉良好
□我是自信的	□我是自信的	□我是自信的	□我是自信的	□我是自信的

Activity 6

活动6　保持冷静

·你要知道· 你的愤怒与烦躁不安，更容易激发别人对你的欺负与伤害。因为这会使他们获得一种满足感，他们知道自己的所作所为，对你已经产生了一定的影响，构成了一定的威胁。所以，如果别人想欺负你，试着不要把你的真实感受表现出来，这一点很重要。

马特正在公园里骑自行车，他把自己的夹克和一瓶水放在了一棵树旁边。过了一会儿，他停下来去喝水，可刚喝了一大口就把水喷了出来。竟然有人往水里加了盐！他环顾四周，看到裘德正在对着他笑，然后其他孩子也开始跟着笑了起来，尤其是当他们看到马特把这口水吐在了自己的衬衫和裤子上、弄得满身都是时。马特感到特别窘迫，开始哭起来。然而，其他孩子却因此笑得更厉害了。

塔拉正在图书馆看书，这时贝基在她身边坐了下来，开始打扰她。一开始，贝基先是用手指敲桌子发出声音，接着她把自己的椅子移到塔拉身边，挤得塔拉没有地方坐，然后她又在桌子下面用脚踢塔拉。最后，塔拉实在无法忍受了。“快停下来，不要这样做了！”她大声说道，但是贝基就是不肯停下来。“我讨厌你！”塔拉大声吼道。贝基仍旧不说话，她只是望着塔拉，咧嘴笑着。

马特和塔拉表现出了自己的真实感受。通过大哭，马特让裘德明白了他的欺负行为让马特感到了不安；通过大声吼叫，塔拉让贝基知道了她的行为的确对塔拉造成了困扰，并因此获得了满足感。并不是说马特和塔拉不应该产生这样的感受，而是他们不应该让欺负者看到他们的真实感受，这会让欺负者很有可能再次对他们实施欺负。

Trading

For you 你要做的

如果有人欺负你，在你大喊大叫、哭泣、失去控制或者以任何形式反应之前，请花些时间让自己冷静下来。控制好你自己，试着不要让欺负者看到你的真实感受。

这里有一些办法可以帮助你冷静下来：

- 做几次长长的、缓缓的深呼吸。
- 数数，从1数到10。
- 背诵字母表。从A背到Z，或者倒着背，也就是从Z背到A。
- 想一些平静、安静的事物。
- 想一些爱你的人。
- 想一些你喜欢做的事情。

还有其他可以帮助你放松、冷静下来的事情吗？

我☑可以

我☑可以

我☑可以

我☑可以

现在，开始练习吧。闭上你的眼睛，想象一下你就是马特或塔拉，或者想象自己曾经经历过的相似的事情或情境。从前面的列表中选择一种方法，一直那样做，直到你感到自己冷静下来了。

这样的练习会使你在今后遇到相似的情境时，不会那么轻易就做出反应，而是能够保持冷静。当你冷静下来，你就会很好地控制自己。这样一来，你就能够更好地处理任何问题与事情，不会手足无措。

For you 更多你要做的

不要把你的感受表露给欺负者，这并不意味着你必须把这些感受永远地藏于心底。事实上，适时合理地发泄你的感受也很重要。把这些感受强压在心底，会给你带来痛苦。因此，一旦你成功远离了欺负者，并处于一个安全的环境中，你就可以尝试用以下几种办法，发泄你的情绪。请用圆圈标出你觉得可能会帮助你的办法。

与他人聊天　　向他人求助　　散步

骑车　　投篮　　玩打击乐器，例如敲鼓

写日记　　画画　　与朋友一起玩

跑步　　打枕头出气　　对着墙扔球

跳舞　　玩游戏　　拍球

你还能想出其他办法吗？请写下来。

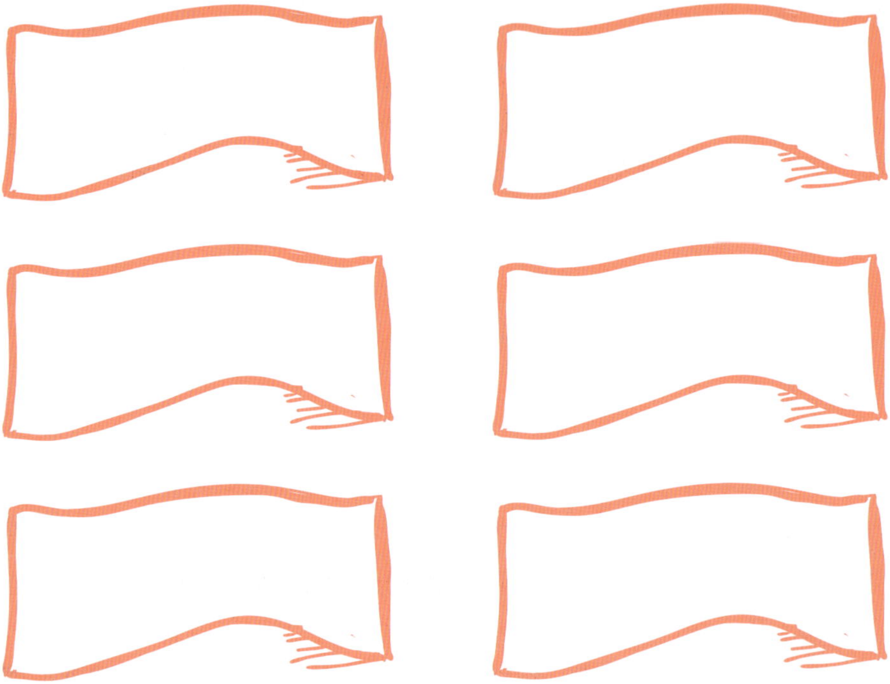

如果你可以把自己的情绪发泄出来，你就能够用健康的方式管理你的情绪，你就不会使欺负者因为看到自己的欺负行为起了效果而感到满足。

Activity 7

活动7　不要用欺负的方式回击遭受的欺负

· 你要知道 · 当有人欺负你时，你的第一反应可能会是反击，那样做只会让事情变得更加糟糕。

对一些孩子来说，回击可能是出于本能而自动产生的反应。

布兰妮在操场上故意碰撞劳拉，并把她撞倒在地。劳拉生气了，她站起来，立刻去追布兰妮，然后把她推倒，没过多久这两个女孩就打了起来。

安东尼叫奥斯汀“胖子”，奥斯汀就叫安东尼“傻子”。然后安东尼就叫奥斯汀“胖猪”，接着奥斯汀就叫安东尼“超级蠢货”。之后安东尼推了奥斯汀一把，奥斯汀又推了安东尼一把。

用欺负者欺负你的方式进行反击，是不会让欺负者离开的。事实上，这种行为会使欺负变得更加严重和糟糕。同时，这样做也会使欺负者感到很爽。因为当你用这种方式反击时，你的行为会让欺负者感到他的所作所为的的确确把你惹恼了，而这就是欺负者期望的结果。当你反击时，你的行为是在延长这场欺负行为，而不是你所期望的希望这场欺负赶快停止。

不要反击的另一个原因是，这样做会让你受伤。大多数欺负者都会比被欺负者长得更加强壮，他们清楚自己在这方面有优势。

还有其他原因吗？有——你有可能会因此惹上麻烦。

不要用欺负的方式回击遭受到的欺负，并不是让你一味地对受到的欺负忍气吞声，而是说，你不应该用欺负者对你的方式处理事情。相反，如果有人想欺负你，你应该采用一种健康的方法使自己冷静下来。

For you

你　要　做　的

假设你是劳拉和奥斯汀，想一想下面的问题应该如何回答，把你的答案写下来。

如果劳拉继续与布兰妮打架，你觉得会发生什么呢?

....

....

你觉得劳拉可以做什么使自己冷静下来?

....

....

你觉得这样做管用吗? 如果管用，会有怎样的帮助呢?

....

....

如果奥斯汀继续与安东尼打架，你觉得会发生什么呢？

你觉得奥斯汀可以做什么使自己冷静下来？

你觉得这样做管用吗？如果管用，会有怎样的帮助呢？

For you

更多你要做的

回忆一次遭到欺负时你回击的经历。如果你从未有过这样的经历，那请你回想一下是否看到过其他孩子在遭到欺负时进行过反击，然后假设你就是那个孩子，回答下面的问题。

那天发生了什么，你是如何反击的?

反击使问题得到解决，还是使问题变得更加糟糕?

你受伤了吗?

你惹麻烦了吗?

你应该做什么使自己冷静下来呢?

Activity 8

活动8　远离欺负者

·你要知道·面对欺负，最好的应对方法是一开始就不要与欺负者接触。不管在什么时候，你都要尽可能地远离欺负者。

你会在哪里看到欺负行为呢？在公交车上？在去学校的路上？在操场上？在学校餐厅里？这些都是欺负行为最常发生的地点。下面列出的建议可以帮助你在易发生欺负的场合避免受到欺负。

在公交车上

如果公交车上的某个孩子总是欺负你，那么你要选择坐在尽可能远离他的地方。最好是选择坐在离司机近的地方。

在去学校的路上

如果你在去学校的路上遇到欺负，你可以试着找另外一条通向学校的路。如果你无法找到通向学校的其他路线，那么就沿着原来那条路的另一边走。努力使自己尽可能远离欺负者，以保证你与他之间有足够的距离。如果可以，尽量与你的朋友同行。欺负者会倾向于欺负单独行动的孩子。

在操场上

找一个欺负者不会出现的空地玩耍。不要独自一人去某个地方，确保你去的地方周围有其他人在场。

在学校餐厅里

欺负者总会在午饭时间一起出现。因此，要尽量坐在远离他们的地方。最好选择坐在老师身边，或者和朋友坐在一起。

有的时候，欺负行为可能是无法避免的，但你可以努力远离欺负者。

你要做的

For you

有几个孩子想去图书馆，他们必须穿过公园才能到达，而在公园附近有一个欺负者经常出没。你能帮助他们找出一条路线，在不经过欺负者的前提下，到达图书馆吗?

更多你要做的

请在下面的空白处填写这些孩子如何做才能远离欺负者。

安东尼奥拿着他的马克笔和画板来到操场附近，他找到一张桌子，打算在这里坐下来画画，这是他在平常休息时喜欢做的事情。但是今天，他却看到安迪和罗德里格正在那张桌子上玩游戏。安迪和罗德里格总是拿安东尼奥喜欢画画这件事取笑他。所以，安东尼奥……

塞拉经常与她的朋友玛丽和泰勒一起吃午餐。但是今天，玛丽不在，泰勒却跟另一个女孩坐在了一起，这个女孩总是喜欢取笑塞拉并且叫她的绰号。然后，塞拉注意到贝卡正一个人坐在桌前。贝卡和塞拉并不是朋友，但是塞拉知道，贝卡非常友善。正在塞拉决定要坐在哪里时，泰勒却向她挥了挥手。塞拉考虑了一下自己究竟该坐在哪里，然后她……

在通往大厅一楼尽头男卫生间的路上，皮特看到两个男孩走进了卫生间，而这两个男孩平时喜欢欺负别人。这里的每层楼上都设有卫生间，所以皮特……

朱丽娅走进礼堂，准备看一场特别的表演，这时，她发现只有两个空座了。其中一个座位是在一位老师旁边，另一个座位是在乔丹和一个女孩中间。乔丹总是喜欢欺负朱丽娅，而那个女孩是另一个班的，朱丽娅不认识她。朱丽娅决定……

Activity 9

活动9 坚定自信的、充满攻击性的还是消极被动的

·你要知道· 坚定自信，是指你要保护自己、为自己说话，坚毅勇敢，无所畏惧。当你坚定自信时，你说话的声音是坚决而又友好的；你的肢体语言展现出你的自信，你的话语会让欺负者感到你不好欺负。

人们在说话、注视以及行动时，大致有三种表现方式。一种方式是坚定自信。坚定自信意味着，你要站直身子，在与人交谈时要正视谈话人的眼睛，并且能够使用恰当的语言表达你想要传递的信息。这样一来，你的言谈举止就会告诉欺负者，你是自信的。在不伤及他人权益的前提下，要勇于保护自己的权益。

另一种方式是充满攻击性的。当你表现得充满攻击性时，你就会开始对他人进行攻击或骚扰，这可能会惹怒欺负者，招来一场打斗。

有时候，一些遭到欺负的孩子会表现出第三种方式——被动。如果你是被动的，你的肢体语言就会展现出你的怯懦。你无法用坚定而礼貌的语气说话，而是含含糊糊，总是暗暗地有所指，却怎么也不敢大声而直接地讲出来。你说的话与你的行为并不一致，别人听到的与你想表达的也有所出入。在这种情况下，欺负者可能就会不拿你当回事儿。

攻击的或者被动的方式都只会让欺负行为变得更加严重和糟糕，而坚定自信的行为方式则会让欺负者明白你的意思：你想要欺负行为结束！

For you 你要做的

阅读下面的故事并判断哪些行为是充满攻击性的，哪些行为是坚定自信的，哪些行为是被动的，然后说出你认为接下来会发生什么。

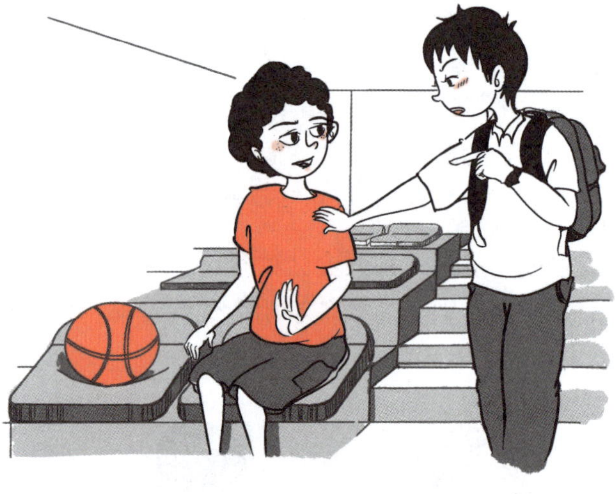

曼尼、蒂米和格雷琴早早地来到了篮球馆，因为他们想占到观看这场球赛的最佳位置。这时雷吉走了进来，发现余下的空位都不好。他决定找一个更好的位置看球赛，不管坐在那个座位上的孩子愿不愿意！

当雷吉使劲儿推曼尼想要把他从椅子上推下来时，曼尼正视雷吉的双眼，说道：“请不要推我！这是我的座位，我本来就应该坐在这里。”

曼尼的行为是：

充满攻击性的　　坚定自信的　　被动的

参考答案：坚定自信的

你觉得接下来会发生什么？

……………………………………………………

……………………………………………………

当雷吉使劲儿推蒂米想要把他从椅子上推下来时，蒂米不敢抬头。他低头看着自己的脚，说道：“哦……嗯……我……呃……真的想坐在这里。”

蒂米的行为是：

充满攻击性的　　坚定自信的　　被动的

参考答案：被动的

你觉得接下来会发生什么？

当雷吉使劲儿推格雷琴想要把她从椅子上推下来时，格雷琴把他推了回去并说道：“嘿，你以为你在推谁呢！”

格雷琴的行为是：

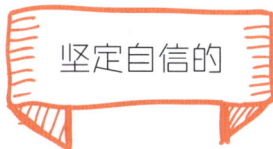

充满攻击性的　　坚定自信的　　被动的

参考答案：充满攻击性的

你觉得接下来会发生什么？

……………………………………………………………………

……………………………………………………………………

For you

更多你要做的

阅读下面的句子，当欺负者辱骂你时，你可以把下面的这些话说给他听。标出那些听起来使你变得坚定自信的句子，用横线划掉那些充满攻击性的句子，并用 × 划掉那些听起来被动的句子。

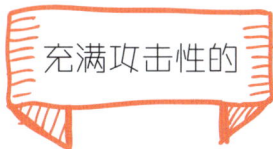

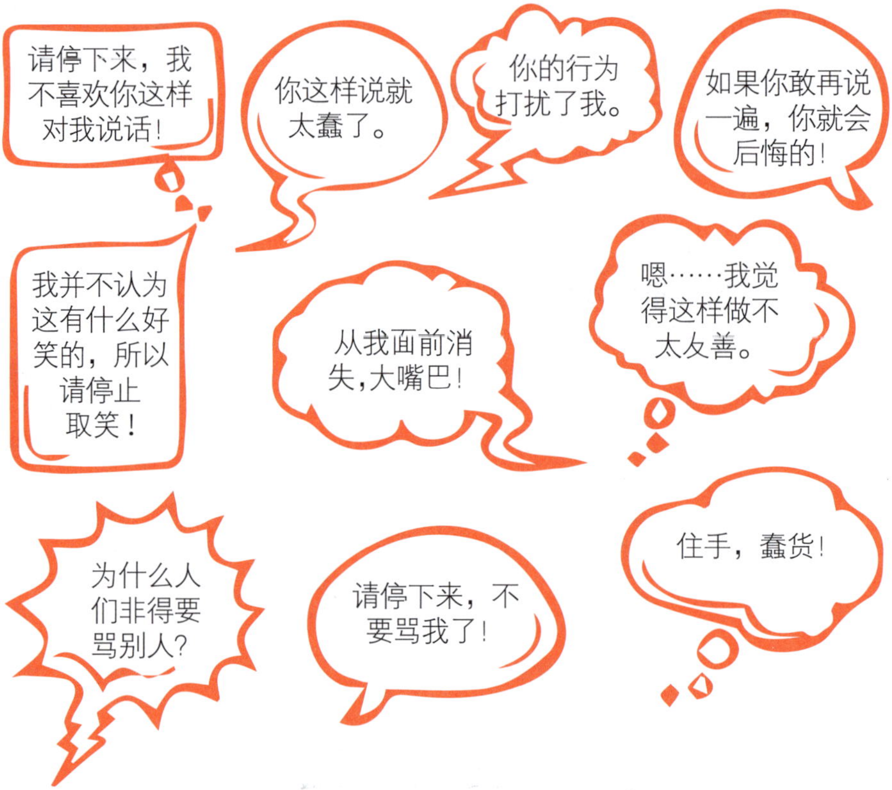

参考答案：

坚定自信的句子：请停下来，我不喜欢你这样对我说话！
我并不认为这有什么好笑的，所以请停止取笑！
你的行为打扰了我。

充满攻击性的句子：你这样说就太蠢了
从我面前消失，大嘴巴！
如果你敢再说一遍，你就会后悔的！
住手，蠢货！

被动的句子：为什么人们非得要骂别人？
请停下来，不要骂我了！
嗯……我觉得这样做不太友善。

Activity 10

活动10　自信地说出来

· 你要知道 · 如果你被欺负了——有人辱骂你、取笑你，将你推倒或用恶作剧捉弄你——你可以为自己挺身而出，自信地为自己发声，让欺负者知道，欺负行为应该马上停止！

在前面的活动中，你已经了解到，外表的自信和行为的勇敢以及使用自我对话，可以在遭遇欺负时有效地帮助你。同时，你还可以学习怎样通过自信的话语帮助自己。下面列举的是一些小建议，它们会帮助你在与欺负者谈话时，做到敢于为自己挺身而出、坚毅无畏。

- 正视欺负者的眼睛。
- 用坚定而友善的语气谈话。不要让自己的声音听起来唯唯诺诺、吞吞吐吐或者充满愤怒。
- 用可以被听到的音量说话。不要大喊大叫，也不要低声细语。
- 让欺负者明白，你说的每句话都是认真严肃的。
- 不要吵架或打架，要有起码的尊重。
- 尽量控制谈话的时间，不要陷于一场讨论或争论。
- 当你已经把想要说的话表达出来，那就准备离开。

记住，不要推搡对方，不要打人，也不要将你的真实感受轻易地表现出来。要表现得足够自信。欺负者倾向于欺负那些不敢为自己挺身而出的人。

For you 你要做的

说到要为自己挺身而出、做到坚毅勇敢，你需要意识到，说话的语气是非常重要的。同样的话你可以用不同的语气说出来，你的语气决定着他人听到这些话时的感受，他们对同一句话的理解也会因此而不同。试试用不同的语气说下面几句话。

- 用坚定而礼貌的语气；
- 用心烦的语气；
- 用生气的语气。

- 用坚定而礼貌的语气；
- 用心烦的语气；
- 用生气的语气。

- 用坚定而礼貌的语气；
- 用心烦的语气；
- 用生气的语气。

现在，你应该已经注意到了，使用不同的语气说同一句话会有多么不同。你可以让听者通过你的语气，觉察出你的感受以及话中的含义。所以，当你面对欺负者时，努力使你的语气保持坚定，而不是愤怒。要确保你的语气可以准确地表达你想要表达的意思。

For you 更多你要做的

多练习也是有帮助的，它可以使你感到更加自信。所以，你可以经常练习说以下这些话。

"停下来!"

"我想要你停下来，别再对我说那些话!"

"不要再那样了!"

"请走开，离我远一点儿!"

"别招惹我!"

"不要欺负我，不要打扰我，不要捉弄我!"

如果你可以与另外一个人，比如你的父母或哥哥姐姐一起练习，也会有所帮助。你可以假装自己正在为一场舞台剧进行台词排练，这样会使这件事变得更加有趣。下面是你的剧本。

欺负者："嘿，那个脚趾头闪闪发亮的，说你呢，我听说你在上舞蹈课。"

你："请不要这样叫我！"

欺负者："你午饭吃了全世界最恶心的东西。"

你："这样很没礼貌，请不要再这样说了！"

欺负者："你真是一个蠢货，你每件事都做不好。"

你："我不喜欢你这样和我说话！"

欺负者："你介意我看一下你的家庭作业吗？我就抄一两个地方。"

你："我介意。请走开，不要再打扰我！"

Activity 11

活动11　不落单才是安全的

·你要知道· 欺负者总是喜欢欺负那些落单的孩子。与其他孩子在一起，会减小欺负者跟踪尾随你的可能性。

俗话说“人多势众”，这句话很有道理，尤其是当遭遇欺负时。**在大多数情况下，欺负者会认为欺负一个落单的人会更加容易。**

这是罗莎的一段经历。在罗莎放学回家的路上，杰森在后面跟踪她。他的脚步离罗莎越来越近，然后他抓起她的头发，对着她的耳朵小声说话。这让罗莎感到很厌烦、很恼怒，而比这更糟糕的是，这让罗莎感到紧张。从那以后，罗莎每天都会与她的朋友艾比和凯西一同回家，杰森再也没有欺负过罗莎。

找一个或多个可以给予你支持与帮助的朋友，但要确保你和朋友的行为看起来正常，而不是像一个帮派或小团伙。永远都不要使用暴力，这不是要你与他人进行较量，也不是要你们双方扯平——你只是需要找到一个合理的办法寻求支持与保护，这样你就会感到安全。

For you 你要做的

戴文正独自一人待在操场上。这时，斯蒂文，这个经常欺负他人的男孩，向戴文走了过来。补充并完成下面的图片，通过画图来表现应该怎样做，才能使戴文看起来更加安全。

更多你要做的

你有没有可靠的朋友？与朋友在一起时，你是否觉得更有安全感？请写一段你与一个或多个朋友在一起时使你感到更加安全的经历。

Activity 12

活动12　“我没听到你在说什么”

·你要知道· 欺负者总是喜欢成为掌控者，喜欢受到关注。如果你对他不做出反应，欺负者可能就会放弃欺负你的打算，转身离开。

早上，科里在等公交车的时候，阿里安娜总是会对她说一些难听的话："我敢打赌你不会做数学作业。""你是从哪里弄来的那件大衣！""你要和那个愚蠢的小孩坐在一起吗？"

科里不喜欢这样，这使她感到不开心和紧张不安。科里就把关于阿里安娜的这件事情告诉了自己的姐姐斯蒂芬妮。斯蒂芬妮告诉科里，她应该试着不去理睬阿里安娜。"就像你没有听到她说的话一样。"斯蒂芬妮说道。

于是科里照做了。她假装自己没有听到阿里安娜的话，一个字都没有听见。不管阿里安娜说什么，科里都假装自己根本没有听到。没过多久，阿里安娜就不再骚扰科里了。因为她觉得，欺负科里这件事一点儿也不好玩了。

For you 你要做的

当你想要努力忽视欺负者时，进行自我对话是非常有效的，它可以引导你做出正确的选择与恰当的行为。所以，如果有人欺负你，你可以这样对自己说：

“我不会听那些！”

“我假装没有听到你说的话。”

“他在跟谁说话呢？反正不是我。”

“继续往前走。”

“假装她并不在这儿。”

“紧张没什么大不了的，我可以控制这种情绪。”

图中左侧的男孩可以对自己说些什么，来帮助自己不去理睬欺负者呢？请写在图中。

For you 更多你要做的

回想一段关于你自己如何努力不理睬欺负者的经历。如果你从未有过这种经历，那就回想一下你见过的某个孩子是如何努力不理睬欺负者的，并以那个孩子的身份回答下面的问题。

你做了什么？

结果是什么?

....

如果你尝试过自我对话，那么你对自己说了什么?

....

如果你没有进行自我对话，你觉得应该对自己说什么?

....

你觉得那样做对你会有帮助吗?

....

以后你还会使用自我对话吗?

....

Activity 13

活动13 I-Message[1]

· 你要知道 · I-Message是人们谈论自己感受时常用的一种表达方式。如果你可以与欺负者对话，那么，尝试使用I-Message向他说明你的感受，会是一个很好的办法。

---

① 译者注：I -Message是一种人际沟通技巧，指在表达自己的感受时，不指责别人，不说“你让我感到……”，而是说“当你……我感到……”。

你可以用I-Message的方法说出你的真实感受，是什么原因导致你产生这些感受，以及你想要别人怎样做。这会是一种良好的交流方式，而不是压制、贬低他人，或者引发一场争吵。

I-Message的方法通常会以“我感到……”作为开头。例如，如果你的哥哥故意在你的朋友面前贬低你，你就可以说：

“当你在我的朋友面前让我难堪出丑时，我感到自己受到了羞辱。我希望你向我承诺不再这样做了。”

或者，如果有人因为你的鞋子而取笑你，你就可以说：

“当你嘲笑我的鞋子时，我感到很不舒服。我希望你不要再对我说那样的话了。”

除了使用I-Message之外，还要记得使用我们在之前的活动中所谈到的一些小建议：

- 在室外找一个比较宽敞并且别人可以看见你的地方，在那里把你想要说的话告诉欺负者。
- 正视欺负者的眼睛，用勇敢的态度和行为应对。
- 要坚毅自信。确保你的肢体语言、说话语气以及使用的语言可以准确恰当地向欺负者传递一个信息：“不要欺负我。”
- 不要大喊大叫或者情绪失控——不要贬低、压制或者辱骂他人，更不要打架。
- 提前做一些练习。一遍又一遍地练习，直到你感到自信为止。

For you 你 要 做 的

请阅读下面的故事，然后为每个受欺负的孩子写一段用I-Message方法表达感受的话。

在上体育课前，彼得必须去一趟医务室，拿治疗哮喘的药，这样他才不会在跑步时感到呼吸困难。只要他吃了药，他就会没事的，就像正常的孩子一样。但是内德却喜欢模仿彼得，他故意咳嗽，假装自己喘不过气来，并以此取笑彼得。

彼得可以说：“当你 .... 我感到 .... ，

我希望你 .... 。”

米娅与姐姐劳伦共用一台电脑，每次米娅使用电脑时，劳伦也要用。她告诉米娅，不管米娅正在做什么，必须马上停下来。她之所以这么说，是因为她比米娅大，她的工作和事情更为重要。

米娅可以说：“当你 .... 我感到 .... ，

我希望你 .... 。”

凯尔很想在学校的舞台剧中扮演一个角色。他最想成为主角，但是最后他只得到演小配角的机会。对此，他感到失望和伤心。艾米丽因此而嘲笑他。她说，凯尔肯定不如演主角的那个孩子优秀，凯尔能有机会在剧中扮演一个小小的角色已经相当不错了。

凯尔可以说：“当你 .... 我感到 .... ，

我希望你 .... 。”

更多你要做的

想一想使用I-Message可以帮助你应对欺负的情境。请在下面写出你可能说的话，然后站在镜子前，尝试着练习说出这些话。同时要注意，你的肢体语言、说话语气和说话内容要配合一致。

....

Idea 你使用I-Message后有什么感受吗？请写在下面。

Activity 14

活动14　一笑而过

· 你要知道 · 对欺负者说一些有趣的话，比如一个笑话或者一个巧妙的回答，都可能会使原本一触即发的紧张局面缓和下来。

通过一个笑话或一个巧妙的回答，扭转你和欺负者之间的紧张局面，有时候可以让欺负行为就此停下来。这个办法真的值得一试，因为让其他人跟你一起笑，强过让其他人一起嘲笑你。下面是一些例子。

凯利：“你是从哪儿弄来的这件可笑的T恤衫？”

麦克斯：“你觉得可笑吗？那你应该去看一看我其他的T恤衫。”

瑞秋：“你的发型真是太丑了！”

莉比：“谢谢你的关注。”

鲍比：“我真不敢相信你竟然把球弄丢了。”

加里：“我也不敢相信啊！”

你可能需要提前想好怎么说。不管你要说什么，请注意确保你对欺负者说的话不是辱骂，也不是贬低或压制。例如，如果莉比对瑞秋说：“你觉得我的发型很丑吗？我猜你今天早上出门之前一定没有好好照镜子。”或者，如果加里对鲍比说：“我是在模仿你呀，所以我才故意把球弄丢了！”这些都是在辱骂对方。也不要在他人面前说一些让欺负者感到难堪的话。

你的目的是要使这场欺负行为马上停下来，而不是把情况变得更加糟糕。

For you 你要做的

如果你身处下面这些情景中，你会说什么？试着想个笑话或者巧妙的回答，让这场欺负行为在事情变得糟糕之前能够及时停止。如果你需要一些帮助，你可以去找你的朋友或家人。

欺负者：“你真是个大笨蛋！我已经迫不及待地要把你测验得了C的消息去告诉所有人。”

你：“……………………………………………………………。”

欺负者：“你喜欢那个孩子吗？那一定是因为你没有朋友。”

你：“……………………………………………………………。”

欺负者：“你是全世界最糟糕的足球选手。我希望我们别在一个队里。”

你：“……………………………………………………………。”

欺负者：“你这也叫唱歌？听起来像火警鸣笛。”

你：“……………………………………………………………。”

欺负者：“你喜欢的那个乐队是全世界最糟糕的！真搞不懂你为什么喜欢他们，你一定是哪里出问题了。”

你：“………………………………………………………………。”

欺负者：“你真是个大傻瓜！谁会在下车时跌倒呢？”

你：“………………………………………………………………。”

For you 更多你要做的

说一个笑话或一个巧妙的回答，与想出一个笑话或巧妙的回答一样难。这就是为什么那些喜剧演员总是会花费大量的时间，不断地进行排练和预演。所以，你需要牢记这些台词，并且要进行多次预演。你可以在镜子前练习，也可以找其他人帮你扮演这场戏中的其他角色。同时，如果可以的话，请一些观众来观看。注意确保你的肢体语言和说话语气和你说话的内容配合一致。

练好你的台词会使你在真正使用它们时感到更加自信与从容。

Activity 15

活动15　赶快离开

·你要知道· 有一点是肯定的——如果你不在现场，那就没有人会欺负你。所以当欺负者来找你时，尽可能离开。尤其是当现场很危险时，这一点真的很重要。

有时候，当你处于危险的情境中时，你的身体就会向你发出信号。你的心脏会开始加速跳动，你会感到十分紧张不安。这些由身体传递给你的信号是为了让你知道，可能有不好的事情要发生了。如果你感受到了这些信号，就应该听从它们的指挥。

如果你遇到一个欺负者，并且感到自己正处于危险之中，那就赶紧离开，走得越远越好。不要待在那个你可能会受到欺负的地方。然后，你需要把刚刚发生的一切，告诉一位你信任的成年人。

For you 你要做的

查理正在欺负泰勒，不过泰勒是有机会逃走的。请用一幅连环漫画呈现事情发生的经过，不要忘记添上每个孩子说的话。

泰勒正在图书馆做作业。

查理问泰勒可不可以抄一下他的作业，泰勒回答说：“不行。”

查理想要去抢泰勒的试卷。

泰勒快速地收拾好自己的东西离开了。

如果泰勒还待在图书馆，他就可能不得不让查理抄他的作业，或者和查理打一架。当他思考这些可能的结果时，他意识到，赶紧离开可能是最好的解决办法。

For you

更多你要做的

当你处在一个困难、复杂的情境中时，你可以问自己两个问题：**“会发生什么呢？”**以及**“我应该继续留在这里，还是赶紧离开呢？”**这样做通常是有帮助的。现在，让我们来看一看下面的情景，然后帮助这些孩子回答问题。

扎克正在和妈妈一起逛超市。妈妈在超市的一个过道处购物，而他在另一个过道处。这时，他看到桑尼从货架上偷了一块糖果。桑尼让扎克把这块糖果藏在自己的口袋里，然后第二天去学校时再给他。可是，扎克并不想这样做。桑尼就取笑扎克，说他是一个胆小鬼、一个蠢货。

会发生什么呢？

....

....

....

扎克应该继续留在那里，还是离开呢？

……………………………………………………………………

莱斯利和阿什丽都住在同一座楼的第3层。一天，这两个女生同时从家里出来。阿什丽怂恿莱斯利，让她闭着眼睛走下楼梯。她告诉莱斯利：“我敢打赌你不敢这样做，因为你太害怕了。”莱斯利确实很害怕。阿什丽就咯咯地笑了起来并说道：“我已经迫不及待了，我要告诉所有人，你是个胆小鬼。”

会发生什么事情呢？

……………………………………………………………………

……………………………………………………………………

……………………………………………………………………

莱斯利应该继续留在那里，还是离开？

……………………………………………………………………

摩根想放学后向他的朋友卢克借用一下游戏机。卢克告诉摩根，他那时应该还没回家，但是他会把游戏机放在门口的信箱里。摩根于是就来到了卢克家，然后准备打开信箱。正在这时，卢克的哥哥马克却在一旁喊道："你在干什么呢？"摩根想要解释，但是马克举起了拳头说道："不许动那个游戏机！"

会发生什么事情呢？

摩根应该继续留在那里，还是离开？

Activity 16

活动16　告诉你信任的成年人

·你要知道· 在许多情况下，你都应该把受到欺负这件事告诉一位成年人。尤其是当你处于危险的情境中时，你无法独自一人控制和解决眼前的事情，而且你还担心自己会受伤，或者担心其他人会受到伤害，这时，把这件事告诉一位成年人是很重要并且很有帮助的。

如果你感到害怕或者觉得自己处于危险之中，你需要把这件事告诉一位你信任的成年人，这样做很重要。如果没有人知道你的遭遇，就没有人帮助你。

欧文是学校乐队的成员。每周四，他都会把他的小号装在一个大箱子里提到学校来。在每周的这一天，一群大孩子就会在他去学校的路上跟踪他。他很害怕。当他在他们身旁经过时，他们就开始辱骂他、嘲笑他，并且多次试图抢他那个装有小号的箱子。有一次，他们甚至还打了他。就在这个周四，他们抢走了他的箱子。他们打开箱子，想要把他的小号扔进垃圾箱。正在这时，一辆汽车恰巧路过。这群男孩们不想被抓，所以他们把小号随意地扔在了路边，然后逃走了。欧文本可以去把自己的小号捡回来，可是他很害怕、很懊恼。他自己已经无法处理这件事情了。最后，欧文把这件事情告诉给了他的父母，欧文的父母便不再让欧文独自一人去学校了。

有时候，孩子们不愿意将自己遭受欺负或者他们认识的人遭遇危险这种事告诉他人，因为他们害怕自己会被欺负者发现，从而受到更加严重的欺负。如果你担心欺负者知道你把这件事说了出去，那就把你的这种担心也告诉给那个成年人。不用担心，那个成年人不会提到你的名字，也不会说出是谁举报了这种欺负行为。

For you 你要做的

记住，如果你正在遭受欺负并且需要帮助，你无需自己面对与处理，你可以寻求他人的帮助。首先，你应该告诉自己的父母，或者哥哥姐姐，爷爷奶奶等家里人，也可以告诉其他你信任的人。

下面列举的是孩子们经常会去寻求帮助的对象，看一看在这些人中，有哪些是你可以在受到欺负并且无法自己解决时可以寻求帮助的，或者请你说出其他你认为可以提供帮助的人。

除了你的父母，请写出其他人的名字。

- 你的父母
- 你的姐姐或哥哥
- 其他亲戚
- 老师
- 学校工作人员
- 教练
- 医生或护士
- 邻居
- 其他人

For you

更多你要做的

你同意下面这些表述吗？请在你选择的选项前打√。

- 如果你被欺负并且你感到害怕了，你就应该把这件事情告诉一位成年人。

  □ 同意　　□ 不同意

- 如果你被欺负并且你无法自己应对或控制，你就应该把这件事情告诉一位成年人。

  □ 同意　　□ 不同意

- 如果你的朋友被欺负了，而且他因此感到很害怕，或者他正处于危险之中，你就应该把这件事情告诉一位成年人。

  □ 同意　　□ 不同意

- 如果你得知有人要伤害其他孩子，即使那些孩子不是你的朋友，你也应该把这件事情告诉一位成年人。

  □ 同意　　□ 不同意

- 有时候，把遭受欺负这件事告诉一位成年人，是最安全也是最好的做法。

  □ 同意　　□ 不同意

没有人必须忍受欺负。

□ 同意　　□ 不同意

对于上面的表述，如果你都选择“同意”，那么关于如何应对欺负，你就已经学会了一大半！

Activity 17

活动17　举报实情并不是泄露秘密

·你要知道· 有时候，你可以自己应对欺负行为。但是有的时候，欺负行为会使你或他人陷入危险的情境中，你们会因此受到伤害。如果这种事情发生了，你应该及时告诉一位你信任的成年人。在这里，我们强调的是举报实情，而不是泄露秘密。

举报实情和因闲谈而泄露秘密是有本质区别的。泄露秘密的闲谈，是为了使所谈论的人陷入困境，给他惹麻烦。在大多数情况下，泄露他人的秘密并不会涉及自己的切身利益。

索尼娅看到姐姐正在使用妈妈的化妆品，她和姐姐都知道，妈妈并不允许她们这么做。所以，索尼娅就把这件事告诉了妈妈。

索尼娅之所以这么做，只是为了给姐姐惹点儿麻烦，并不是因为自己处于危险之中。这就是泄密。

实情举报并不是想要给他人带来麻烦，它的目的是举报一个危险的事件或情况，以便更好地保护你自己或他人免受伤害。

克里斯正在和一群孩子在镇上的游泳池里玩耍。这时，他看到考林在水下推了梅根一把，并且把她控制在那里，让她动弹不得。然后他看到考林又对其他两个孩子做了同样的事情。他把自己所看到的事情告诉了救生员。

这就是举报危险的情况。

For you 你要做的

阅读下面的情景，然后判断一下，你认为这个人是在举报实情还是在泄露秘密。

斯科菲尔德老师规定，每周三是全班的图书馆日。卡拉本来应该去图书馆还书的，但是她把这件事忘了。在全班去图书馆上课之前，安德鲁就告诉斯科菲尔德老师，卡拉忘记带书了。

安德鲁是在实情举报还是在泄露秘密，请在你认为正确的答案前打√。

你为什么会这么认为?

....

....

....

....

格雷格从图书馆借了书，并把书带在身上。但是在他走进教室之前，切斯特和杰克把他推到了男卫生间，拿走了他的书包，并把书包扔进了便池里。这两个男孩告诉格雷格，如果他把这件事情告诉别人，他会后悔的。当格雷格走进教室时，斯科菲尔德老师问他书包为什么是湿的。虽然格雷格很害怕切斯特和杰克，但他不愿意总是被欺负。所以，当教室里只剩下他和老师时，格雷格就把自己遭受欺负这件事情，告诉了斯科菲尔德老师。

格雷格是在实情举报还是在泄露秘密，请在你认为正确的答案前打√。

你为什么会这么认为？

塞丽娜和塔尼娅是好朋友。塔尼娅知道，塞丽娜在公交车站等公交时会有一些孩子过来欺负她，让她难堪。他们每天都会欺负她、嘲笑她，塞丽娜看上去非常可怜。最近几天，塞丽娜都没来上课。她说她身体不舒服，但是塔尼娅知道，她是因为害怕公交车上的那群孩子才不敢来上学的。塞丽娜并没有把这件事情告诉她的父母，所以塔尼娅决定把这件事告诉她的妈妈，然后再由她的妈妈转告塞丽娜的父母。

塔尼娅是在举报实情还是泄露秘密，请在你认为正确的答案前打√。

你为什么会这么认为？

更多你要做的

有的时候你会觉得，决定是否该把你所看到的事情告诉他人是很困难的，因为它是否该被他人知晓，并不总是那么明确。阅读下面几段话，然后说一下你会把这件事告诉他人吗？为什么呢？如果你不确定，那就与你的朋友或者家人一起讨论一下吧。

你无意间听到，一个孩子告诉你的朋友："如果你不把那件运动衫给我，我就打你。"第二天，你朋友的眼睛被打出了黑眼圈，并且他的运动衫也不见了。

你的选择是：□ 我会把这件事说出来。

□ 我不会把这件事说出来。

因为 ……………………………………………………………

……………………………………………………………………

你无意间听到一个孩子正在嘲笑你的朋友，因为你的朋友在这次数学测验中得了班级倒数第一名。

你的选择是：□ 我会把这件事说出来。

□ 我不会把这件事说出来。

因为 ....

....

你看见一个孩子把你朋友的眼镜扔在地上，然后踩了上去。

你的选择是：☐ 我会把这件事说出来。

☐ 我不会把这件事说出来。

因为 ....

....

你看见两个孩子正在操场上把你的朋友推来推去。

你的选择是：☐ 我会把这件事说出来。

☐ 我不会把这件事说出来。

因为 ....

....

Activity 18

活动18　问题解决步骤

· 你要知道 · 在偶遇欺负者时，你可以用许多不同的方法或策略对付他们。并不是所有的策略在每一次尝试时或在每一个情境中都会有帮助，因此，你可能需要同时尝试使用多个策略。当你在考虑到底采用哪个策略时，使用一些问题解决技巧可能会对你有所帮助。它会使你从不同的角度看待问题，这样一来，你就会找到最佳的问题解决方法。

奈特和莫利是邻居，奈特总是欺负莫利。他辱骂她，取笑她做的每件事：她走路的样子，打球的样子，甚至她的球鞋以及关于她的所有事情！奈特的行为让莫利很生气。一天，莫利被气疯了，向奈特大喊，并大声辱骂他作为反击。但这只会让奈特发笑，并且更加变本加厉地欺负莫利。莫利意识到她必须找到一个解决办法，所以，她决定尝试使用她在学校学到的问题解决步骤。

第一步 **描述问题。**

这对莫利来说很容易。她的问题就是奈特不断地骚扰她、取笑她。

第二步 **如果需要，向他人寻求帮助。**

你可以向一位朋友、你的姐姐或哥哥、你的父母求助，也可以向其他有能力帮助你的人求助。不要觉得你必须独立面对这件事。莫利决定去和她的表哥亚伦谈谈，因为他比自己大，并且他总是有好主意。

第三步 **思考所有可能的解决办法，并对它们进行评价。**

哪些是可以使用的？哪些是合理的？哪些是可以帮助你顺利解决问题的？莫利可以：

× 避开奈特。这很难，因为他们住得很近。

√ 跟朋友待在一起。这个办法在有些时候是可行的，只要莫利有一起玩耍的伙伴，但并不是一直都可行。

√ 不理睬奈特。这可能会管用。

√ 把自己的感受告诉奈特。这可能值得一试。

× 和奈特开个玩笑。莫利并不擅长开玩笑，她认为如果自己这样做，不会成功。

× 逃离。莫利很确定，奈特会跟踪她的。

× 把这件事告诉一位成年人。莫利并不怕奈特，所以她觉得自己没必要告诉除了她表哥之外的其他人。

第四步 **选择一个方法，然后尝试使用这个方法。**

莫利认为最好的办法是把自己的感受告诉奈特。所以她对奈特说："当你嘲笑我时，我感到很伤心，也很生气，我希望你别再那么做了。"但是奈特并没有因此而停止欺负行为。

第五步 **如果这样做不管用，那就试一下其他的方法。**

莫利于是决定不理睬奈特。她假装没有听见奈特说的话。不管奈特做什么，莫利都假装没有注意到。没过多久，奈特就放弃了，因为他觉得欺负莫利这件事情再也没有以前那么好玩儿了。

For you 你要做的

回想一下你在遭到欺负时所遇到的一个问题。看一看你是否可以根据问题解决的步骤来解决。

第一步 **描述这个问题。**

第二步 **如果需要，可以寻求帮助。你会向谁求助呢?**

第三步 **回想一下你学过的所有解决办法，写下你可能会使用的办法以及你觉得它们会有多大的帮助。**

第四步 **你觉得应该最先使用哪个办法？并说明原因。**

第五步 **如果这样做不奏效，你觉得接下来应该怎么做？并说明原因。**

For you 更多你要做的

看一看，你能不能帮助这些孩子。请在你认为可能会有帮助的策略旁边打√，然后在你觉得应该首先使用的策略旁边标注★号。

丹尼报名加入了学校的足球队。在训练的第一天，当他在更衣室休息时，球队中一个比他年龄大一点儿的男孩迈克，走过来嘲笑他。他管丹尼叫“矮子”“新手”，还用了几个其他的绰号称呼丹尼。然后他从丹尼的储物柜里拿出足球运动衫，并把它举得高高的，这样一来，丹尼就够不到了。最后，迈克把运动衫扔给了丹尼并说道：“欢迎加入这个球队。现在，你该知道谁才是这里的老大了吧。”

Idea 你认为丹尼应该怎么做?

- ☐ 远离迈克。
- ☐ 开个玩笑。
- ☐ 与朋友待在一起。
- ☐ 走开。
- ☐ 不理睬迈克。
- ☐ 告诉一位成年人。
- ☐ 把自己的感受告诉迈克。

李安正在读书，哥哥布莱德走进了她的房间。布莱德嘲笑李安，说她的新发型很糟糕。“赶紧离开这儿！”李安大声喊道。但布莱德并没有离开，他又开始嘲笑李安是书呆子，因为李安总是在读书。“走开，离我远点儿，让我安静一会儿！”李安大声喊道。布莱德好像没听到李安的喊叫，又开始取笑李安贴在床周围的海报和贴画。于是李安爆发了，“我讨厌你！”她尖叫道。然而，布莱德仍然在一旁笑话她。

Idea 你认为李安应该怎么做？

- ☐ 远离布莱德。
- ☐ 开个玩笑。
- ☐ 与朋友待在一起。
- ☐ 走开。
- ☐ 不理睬布莱德。
- ☐ 告诉一位成年人。
- ☐ 把自己的感受告诉布莱德。

卡洛斯乘坐校车时，一群孩子总会因为他的口吃而取笑他，并且故意模仿他说话。一天，有一个女孩在下一站上了校车，并且在卡洛斯旁边的座位上坐了下来。她是那群欺负者的朋友。她假装和卡洛斯讲话，但实际上她是在模仿他。于是，其他孩子都大笑了起来。

Idea 你认为卡洛斯应该怎么做?

☐ 远离这些孩子。
☐ 开个玩笑。
☐ 与朋友待在一起。
☐ 走开。
☐ 不理睬这些孩子。
☐ 告诉一位成年人。
☐ 把自己的感受告诉这些孩子。

Activity 19

活动19　是玩闹性的取笑还是欺负

·你要知道· 每个人都或多或少地被取笑过。一些取笑仅仅是玩闹性的，取笑者并没有想要对被取笑者造成伤害；另一些取笑却是刻薄而残忍的，这种取笑就是欺负。

有人曾经开玩笑似地取笑过你吗？比如，你的姨妈说你的新发型很可爱，你就像一位超级模特；或者，你的邻居感叹说，你都已经长这么高了，什么时候会尝试加入NBA（美国职业篮球协会）。你明白，他们这样做并不是为了让你感到不舒服，他们只是开个玩笑。

如果你不喜欢这种玩笑，那么你应该做的第一件事就是说出来："请不要这样取笑我了，我不喜欢这样。"不要大喊大叫，要保持礼貌。和你开玩笑的人可能从未意识到，你会因此而感到沮丧、难过，只要你把你的感受说出来，他会立即停止的。当然，你可能会觉得用这种方式和你的邻居或姨妈这样的成年人说话，挺奇怪、挺可笑的。在这种情况下，你可以向你的父母或其他成年人寻求帮助，让他们帮你说明情况。

有时候，取笑会很刻薄，这种取笑会对人的心理造成伤害。例如，有一个你认识的人因为不喜欢你的新发型而不停地取笑你，或者，有一个你认识的人因为你长得高而感到不爽，总是对你指指点点。这就不是玩笑似的取笑了——这是欺负。对此，有一种比较好的解决办法，就是试着不理睬他。如果被取笑的人没有受到干扰，这样的欺负又有什么乐趣呢！

还有其他你可以尝试使用的解决办法，那就是离开那里，或者和欺负者说出你的想法，也可以和他开个玩笑、讲个笑话。当然了，如果可以的话，你还是应该尽可能地避免接触这些欺负者。

需要注意的是，不要对欺负者进行反击，也不要把你的胆怯表露出来。

你要做的

回想一段你的经历：有人开玩笑似地取笑你，但并没有故意伤害你，具体发生了什么？请把它写下来或说出来。

虽然他不是有意的，但这次取笑使你感觉很糟糕吗？

□ 是，我感觉很糟糕。　　□ 不，我感觉还可以。

你对这个“欺负”你的人说过什么吗？如果有，你具体说了什么？

我说：

如果你没有对他说什么，那就想一下你可能对他说什么。

我可能对他说：

你有没有向父母或其他成年人寻求帮助，让他们为你说些什么？如果没有，那若是同样的事情再次发生，你会向他们寻求帮助吗？

☐ 我会向他们寻求帮助。 ☐ 我不会向他们寻求帮助。

For you 更多你要做的

请回想一下，你是否有这样的经历：有人故意欺负你，并且行为很恶劣、很伤人。如果有，是怎样发生的？

....

....

你是怎样应对的？

....

....

欺负行为停止了吗？

……………………………………………………

……………………………………………………

……………………………………………………

下次你会怎样做？

……………………………………………………

……………………………………………………

……………………………………………………

Activity 20

活动20　是绰号还是骂人

·你要知道· 人们对绰号的反应各不相同。绰号对于某一个人来说可能是没问题的、无所谓的，可是对另一个人来说，就有可能是极其反感的。这主要取决于这个被称呼的人是怎样看待绰号的，是觉得无所谓还是不喜欢。

绰号，是一种用来代替一个人的真实姓名的称呼。用绰号来称呼一个人，如果这个人喜欢，那么就没什么问题；但是如果这个人不喜欢，这种行为就可以算是一种辱骂。

有的时候，有的孩子给另一个孩子起绰号是因为他们觉得这样做很有趣，并不是真的想要伤害这个孩子。**如果有人给你起了一个绰号，而你又不喜欢这个绰号，你可以站出来说出自己的感受，这取决于你自己。**不要指望别人会读懂你的想法，要为自己站出来说话："请不要这样叫我。"在大多数情况下，这样做很有用。

当然，你还可以尝试其他的办法，比如下面这个孩子。

凯文管比利叫"铃儿响叮当"，因为比利的姓氏的发音刚好和"jangle"（意思是：铃铛等发出的声音）这个词很像。凯文觉得这很有趣，但是比利并不喜欢这个绰号。因此，当凯文用这个绰号叫比利时，比利就不理睬他。这样过了一段时间，凯文不再这样称呼比利了。

有的人喜欢某些特定的人用绰号称呼自己，但其他人不行。

珍的家人管她叫"猫咪小姐"，因为她非常喜欢猫。珍喜欢家人这样叫她，但是她并不喜欢别人也这样叫她。所以，当托尼在班上叫她"猫咪小姐"时，她就说："你叫我'猫咪小姐'，这让我感到自己很蠢。我希望你别再叫了，拜托了。"托尼之前并没有意识到自己的行为困扰了珍，于是他就不再叫她这个绰号了。

For you 你要做的

- 你有绰号吗？如果有，是什么？……………………………………

  你喜欢这个绰号吗？……………………………………

- 你有一个家人专用的绰号（爱称）吗？……………………………………

  这个绰号是什么呢？……………………………………

  你介意别人叫你这个绰号（爱称）吗？……………………………………

- 如果有人用一个你不喜欢的绰号来称呼你，你会怎么做？

  ……………………………………

- 你有没有制止过他人叫你的某个绰号？……………………………………

  你都说了些什么？……………………………………

  ……………………………………

  这样做有效果吗？……………………………………

  你还能做些什么？……………………………………

  ……………………………………

更多你要做的

请阅读下面的情景，然后判断一下，哪些是不礼貌的辱骂，哪些是玩笑似的起绰号。如果是辱骂行为，请说出你觉得被骂的人应该怎样做。

杰瑞有一头非常卷的头发，埃里克因此叫他“卷毛”。但是杰瑞并不喜欢这个绰号。他告诉埃里克，让埃里克别再叫了，但埃里克不听。杰瑞就再次跟他说，别再叫这个绰号了。埃里克就是不改，一直叫他“卷毛”。

这是　☐ 玩笑似的起绰号　☐ 骂人

如果是骂人，杰瑞应该……………………………………

参考答案：骂人

艾丽比她的朋友，一个同样也叫艾丽的女孩长得矮。因此，孩子们就管她叫“小艾丽”，管她的那位朋友叫“大艾丽”。两个艾丽都觉得这个办法不错，可以有效地区分出她们两个人。

这是　☐ 玩笑似的起绰号　☐ 骂人

如果是骂人，艾丽应该……………………………………

参考答案：玩笑似的起绰号

琳达有一头明亮的红色头发，于是，她的父母有时候会叫她“斯嘉丽”。她最好的朋友劳拉，偶然间听到了琳达的父母用这个名字叫琳达，于是也开始用“斯嘉丽”这个名字称呼琳达。

对琳达来说，被除了家人之外的其他人叫“斯嘉丽”这个名字，感觉挺别扭的。但是因为劳拉是她最好的朋友，所以她就告诉劳拉，只要其他孩子不在场，她也可以用这个名字称呼自己。因此，在只有她们两个人的时候，劳拉就叫琳达“斯嘉丽”。

这是 □ 玩笑似的起绰号 □ 骂人

如果是骂人，琳达应该 ……………………………………………

参考答案：玩笑似的起绰号

大卫戴上了眼镜，他的姐姐丽贝卡就因此而叫他“大眼虫怪”，但是大卫并不喜欢这个绰号。他让姐姐不要再这样叫他了，但是丽贝卡不肯。于是他就开始叫丽贝卡“大脚怪”，因为她的脚非常大。

这是 □ 玩笑似的起绰号 □ 骂人

如果是骂人，大卫应该 ……………………………………………

参考答案：骂人

这是 □ 玩笑似的起绰号 □ 骂人

如果是骂人，丽贝卡应该 …………………………………………

参考答案：骂人

Activity 21

活动21　不要容忍贬低和侮辱

· 你要知道 · 有的时候，嘲笑别人会让事情变得很糟糕。比如，有人一次又一次地故意模仿你，或者对你说一些尖酸刻薄、有侮辱性的语言贬低你。这种欺负行为会使你感到很难受，但是你可以帮助自己解决这个困难，让一切都好起来。

“你真是一个大蠢货！”“你长得真丑！”“你长得真胖！”如果曾经有人对你说过类似的话，或者用一种尖酸刻薄的态度模仿你，你就会明白，那种感觉有多么不好。通常情况下，欺负者不会只一次这样对你，他会用这种方式欺负你很多次。这种欺负行为会一次又一次发生。

你需要怎么做呢？在之前的活动中，你已经学会了使用积极的自我对话帮助自己，使自己的言行举止看起来更加勇敢坚毅，并且学会了不理睬那些欺负者。自我对话也可以帮助你通过关注自己一些好的方面，来应对遭受的贬低。

当萨曼莎故意贬低莉莉，叫她“口齿不清的莉莉”时，莉莉是这样做的。她没有关注自己发音的问题，而是想一些自己擅长的事情。她在心里对自己说：“我舞跳得很好。我是一个不错的朋友。我对他人很友善。”这样做可以帮助她不理睬萨曼莎以及她充满恶意的评论。

所以，不要只是关注欺负者所说的关于你的不好的一面，试着去想一想自己积极的一面，也就是一些你喜欢自己的方面，然后在脑海中一遍又一遍地重复它们。

你　要　做　的

下面是一些积极的自我对话的例子，请圈出你觉得可以对自己说的那些话。

我是聪明的

我是值得他人信任的

我擅长玩游戏，并且玩得不错

我对他人很友好

我是一个好人，是一个很好的朋友

我总是在努力做最好的自己

我擅长画画，是一个优秀的小画家

我歌唱得很不错

我的数学学得很好

我一直保持自己房间的整洁

我乐于助人，会经常帮助别人

我努力微笑面对生活

我爱护自己的物品

我对自己的妹妹（或弟弟）很好

Idea 现在，你可以补充一些其他你想对自己说的话。

For you 更多你要做的

有人说过你的坏话或侮辱过你吗？有人故意模仿你的言行举止取笑你吗？有人因为你犯的一个小小过错而贬低你吗？请把具体情况写下来。

如果这些事你都没有遇到过，就请把你知道的其他孩子遭遇欺负的事情写出来，也可以编一个这方面的故事。记得描述一下，这个孩子在遭受欺负时的感受，以及使用积极的自我对话所带来的或者应该产生的帮助。

Activity 22

活动22　什么是骚扰

·你要知道· 骚扰，是一种让你感觉很糟糕的行为，即使你已经制止过骚扰你的那个人，但是他还是会用这种行为持续不断地影响你。没有人必须忍受骚扰。

骚扰是一件让人感到痛苦与恼怒的事情。比如，有人故意一次又一次地戳你的手臂，即使你已经跟他说过不要这样做了。

骚扰可能不会使你受伤，但它会使你烦躁不安。这也就是欺负者为什么想骚扰你的原因——为了让你心烦！

骚扰可能让人感到难堪。例如，有人对你恶作剧。这场恶作剧可能比较愚蠢或造成的后果比较严重。

骚扰可能具有胁迫性。例如，有人在未经你允许的情况下摸你。

For you 你要做的

安娜想和约翰交朋友，所以她每天在午饭时间都坐在约翰旁边。放学后安娜会打电话给约翰，不管约翰在哪里，她都要和约翰一起出来闲逛。约翰总想和男孩们一起打篮球或者打游戏，但是安娜总是跟着他。约翰并不是不喜欢安娜，他只是不想跟她交朋友。约翰感到很生气，也很尴尬，尤其是在他的朋友们因为安娜而取笑他的时候。

约翰已经跟安娜说过，不要再跟着自己，也别再打电话，但是安娜就是不听，因此约翰向自己的哥哥寻求帮助。哥哥建议约翰跟安娜谈一谈，把自己的感受告诉她。

1.你觉得约翰会说些什么?把这些话用I-Message的形式写出来。 请记住要保持礼貌的态度，不要辱骂或者贬低对方。

2.你认为，如果约翰在与安娜谈话之前练习一下他要说的话，这会有帮助吗?请说明原因。

3.你能够像约翰那样和别人谈一谈吗?请说明原因。

4.假设你就是约翰，现在练习一下你会对安娜说些什么。

参考答案:

1.安娜，你好！我是约翰。这么久以来，你一直跟在我身边，我知道你是想要和我做朋友，真的很谢谢你对我的欣赏。你一定很奇怪为什么我一直对你生气。其实并不是我不喜欢你，但我更喜欢和男生一起玩，我们有很多共同的兴趣爱好，如打球、打游戏等。安娜，你也应该去寻找和你有着共同兴趣爱好的朋友，做自己喜欢的事情，而不用每天跟着我，或许你会收获更多快乐。愿你天天开心。

2.会有帮助，提前练习有助于理顺思路，调适好情绪，等到真正讲出来时可以以一种稳定、确定的情绪状态面对。

3.可以。只有通过良好的沟通，将事情、心情、想法和对方说清楚，了解了彼此之间的想法，事情才能够得到妥善的解决。逃避解决不了任何问题，沟通有助于问题解决。

4.安娜，这么久以来，你一直跟在我身边，我知道你是想要和我做朋友，真的很谢谢你对我的欣赏，我也很欣赏你的执着。你一定很奇怪到底是因为什么我一直对你生气，其实并不是我不喜欢你，只是我更喜欢和男生在一起玩，我们有很多共同的兴趣爱好，我们经常一起打篮球，看球赛，打游戏。安娜，你也应该去寻找那些跟你有着相同兴趣爱好的朋友，做自己喜欢的事情，而不用每天跟着我，限制了自己认识其他好朋友的可能性。

更多你要做的

骚扰会给人带来许多不同的感受。请给下面的拼音加上音调，然后看一看，骚扰会带给人们哪些感受。

参考答案：shòu shāng（受伤）　huāng táng（荒唐）　nán guò（难过）　tòng kǔ（痛苦）　jǐn zhāng（紧张）　qì nǎo（气恼）　bù ān（不安）　hài pà（害怕）　nán kàn（难堪）　má fan（麻烦）

Activity 23

活动23 “你开不起玩笑吗？”

·你要知道· 欺负者有时候会在取笑别人、贬低别人或者制造一些让人感到难堪或难过的恶作剧时，表现得好像他们只是在开玩笑。他们会说一些如“你开不起玩笑吗”这样的话，使你感觉更加糟糕。

在孩子们开的玩笑中，有一些是有趣的。

阿什顿对卡登开的玩笑：他把卡登的头像粘贴在卡登最喜欢的棒球球星的海报上，以此制作了一份假的海报。卡登觉得这很好玩。

但是有一些玩笑并不是那么有趣。

罗斯把萨莉的脸画在了一张画着巨大气球的图片上，并在上面标注——“桶”。萨莉并不觉得这很有趣。

如果你没觉得这个恶作剧有趣，那么像罗斯那样的欺负者总是会想尽办法让你觉得自己好像不太正常，而这样做也会使欺负行为变得更加伤人。**如果你觉得发生在你身上的事情并不好笑，你不必强颜欢笑。**

- 通过一件困扰你的事情取笑你，这并不有趣。
- 被取笑这件事情并不是有趣的。
- 别人用一个你并不喜欢的名字称呼你，这也不是有趣的。
- 遭遇一场恶作剧，这也不是有趣的。

你应该做什么呢？

当一个欺负者对你说“我只是在开玩笑”或者“你就这么开不起玩笑吗”时，你不要大喊大叫，不要打人。你首先应该做的就是为你自己说话：**“这不是一个玩笑，我并不觉得它好笑。”**然后离开，尽可能避免遇到欺负者。

For you 你要做的

阅读下面的情景，然后判断一下，哪个情景是在开玩笑、哪个情景不是在开玩笑。如果不是在开玩笑，请说出你认为被欺负的孩子应该怎么做。

本在餐厅里坐了下来，打开了他的午餐盒，拿出了他的三明治。然后，他准备去拿他的果汁盒。但是当他拿起果汁盒的时候，果汁却洒了出来——有人在果汁盒的底部扎了个洞。本的衬衫和裤子都被果汁浸湿了，他很难过。然后，他看到罗比和尼古拉斯正在笑。罗比说：“你就这么开不起玩笑吗？”

这是不是在开玩笑呢？如果这不是在开玩笑，本应该怎么做？

□ 是在开玩笑　□ 不是在开玩笑

本应该……………………………………………………………

参考答案：不是在开玩笑

在快要放学的时候，凯莎穿上了她的外套，准备跟她的朋友伊莎贝尔一起去坐公交车。她正在路上走着，这时，其他孩子冲她笑着并对她说：“生日快乐！”凯莎并不知道为什么那些孩子会这样做，她感到很困惑。然后，伊莎贝尔告诉她，她把一张写有“祝我生日快乐”的字条贴在了凯莎背后。凯莎感到很尴尬。伊莎贝尔说：“这只是一个玩笑。”

这是不是在开玩笑呢？如果这不是在开玩笑，凯莎应该怎么做？

☐ 是在开玩笑 ☐ 不是在开玩笑

凯莎应该……………………………………………………

参考答案：是在开玩笑

史蒂芬总想着和哥哥米格尔及米格尔的朋友一起玩耍，但是他们却不想带史蒂芬一起玩。他们认为，史蒂芬就是一个讨厌的跟屁虫，并决定给他点儿教训。有一天，米格尔和他的朋友把史蒂芬带到了公园，和他说要玩捉迷藏的游戏。他们告诉史蒂芬要认真地玩儿，但是当史蒂芬转过身去开始倒着数数时，这些男孩并没有躲起来，而是把史蒂芬一个人丢在了公园里，趁机跑了。史蒂芬找不到这些男孩，感到很害怕。他从来没有自己一个人在公园里待过。之后，米格尔就因为史蒂芬的胆小而嘲笑他。“我们只是在开玩笑。”他说。

这是不是在开玩笑呢？如果这不是在开玩笑，史蒂芬应该怎么做？

☐ 是在开玩笑 ☐ 不是在开玩笑

史蒂芬应该……………………………………………………

参考答案：不是在开玩笑

For you 更多你要做的

有没有人对你做过你觉得很有趣的恶作剧呢？具体发生了什么？

有没有人故意对你做过什么事情却解释说这是一个玩笑，但是你认为这一点儿都不好笑呢？请写出具体的情况。

请说出你认为这个人是真的只为了好玩还是想要骚扰你才这样做的。

说出你的感受。

……………………………………………………………………

……………………………………………………………………

你都做了什么？你还可以做什么？

……………………………………………………………………

……………………………………………………………………

Activity 24

活动24　被忽视、被排挤

·你要知道· 每个人都喜欢拥有朋友并且喜欢融入朋友中。但是有的时候，孩子们会把某个孩子踢出他们的群体，让他感到自己并不属于这个群体。这是一种沉默安静式的欺负：没有辱骂，没有嘲笑，没有恐吓，没有打架或推搡，但是它同样会造成伤害。

康纳知道被排挤是一种怎样的感受。他喜欢打棒球并且常常练习打棒球。他非常想和那些住在自己家附近的男孩们一起打球，甚至转到他们就读的学校。每天，他都会去那些男孩打球的公园，但是他们从未邀请康纳加入到他们的比赛中。即使他们知道康纳很想加入，他们也不愿意给他一次机会。

一天下午，康纳正坐在自己家门口，这时，他的姨妈来了。此时的康纳非常失落。他的姨妈看到康纳的样子，就询问他到底发生了什么。

康纳告诉姨妈，那些男孩不愿意让自己跟他们一起玩耍。“他们或许是对的，”康纳说道，“他们凭什么愿意跟我一起玩呢？我没有他们长得高，我可能跟不上他们。”

姨妈听康纳这样说感到很震惊。“康纳，你是一个非常优秀的棒球手。不要因为那些男孩而改变对自己的看法。不要对自己要求那么高。你所说的都是一些消极的方面，你要试着想一些你擅长的事情。”

“好吧。”康纳说道，“我知道自己是一个非常优秀的投手。我可以把球扔得很远。”

“这就对了。”姨妈说道，“这就是你擅长的事情。不要因为那些男孩对你的态度而对自己失去信心。”

For you 你要做的

只要康纳开始想他可以做好的事情，就会感觉好很多。你认为康纳接下来要做什么？请选出你的答案，并在旁边打√。

- ☐ 他打算放弃打棒球，去做一项其他的运动。
- ☐ 他会去公园，找到那些不让他玩球的孩子，和他们打一架。
- ☐ 他会去找他的朋友，找到他们打球的公园，并加入到他们的比赛中。

那天晚上，康纳回到家中，在日记本中写下了他的一天。如果你是康纳，你会写什么呢？

更多你要做的

康纳并没有受困于对自己的消极想法，而是决定想一想自己做得好的一面，这也让他感到自信。你哪些事情做得比较好呢？你擅长画画吗？你会演奏乐器吗？你的数学学得好吗？你会踢足球吗？你擅长饲养小动物吗？你擅长唱歌吗？你是家里的小帮手吗？

对于每一件做得好的事情，请奖励自己一座奖杯。

这座奖杯奖励给............

为了表扬他................

这座奖杯奖励给............

为了表扬他................

这座奖杯奖励给............

为了表扬他................

这座奖杯奖励给............

为了表扬他................

Activity 25

活动25　冷暴力

·你要知道· 有一种最残忍的欺负形式，那就是冷暴力。它是指欺负者不和你说话，并且表现得好像你根本就不存在一样。

史黛丝和她的朋友克里斯汀吵架了，所以她给俄德怀斯博士发了一封电子邮件。俄德怀斯博士是一个名为“帮助儿童”网站的主持人。史黛丝是这样写的：

亲爱的俄德怀斯博士：

最近几周，我的朋友克里斯汀表现得很奇怪。她和我本来是很好的朋友，可当她加入游泳队之后，问题就出现了。一开始，她不再在放学时等我一起回家了；然后，她开始和游泳队的女生们一起吃午饭，并且没有邀请我和她们坐在一起；接着，她又不肯回复我的短信和电话；现在，她在楼道里遇到我时，就好像我根本不存在一样。她把我完全忽略了。这让我很伤心。我姐姐说，我应该把这件事赶快忘掉，并且和其他朋友待在一起。您是怎样认为的呢？

史黛丝

俄德怀斯博士是这样给史黛丝回复的：

亲爱的史黛丝：

我把这种行为叫作“冷暴力”，它是一种非常残忍的欺负行为。我认为，你姐姐给你的建议很不错，你可以尝试去交一些新的朋友。另一个可以帮助你的好方法就是，列一份关于你自己所具有的所有品质的清单——并不是你所擅长的事情，而是你内心的一些品质。这份清单可以帮助你记住自己的特别之处。我会发给你一份清单，希望能给你一些启发。

俄德怀斯博士

For you 你要做的

下面是俄德怀斯博士给史黛丝列出的一些优秀的品质。请圈出你拥有的品质。

友好　　有责任心　　有礼貌

乐于助人　　慷慨大方　　善良

忠诚　　诚实　　善于倾听

值得依靠　　体贴周到　　值得信任

除此之外，你还会在这份清单中添加哪些品质？

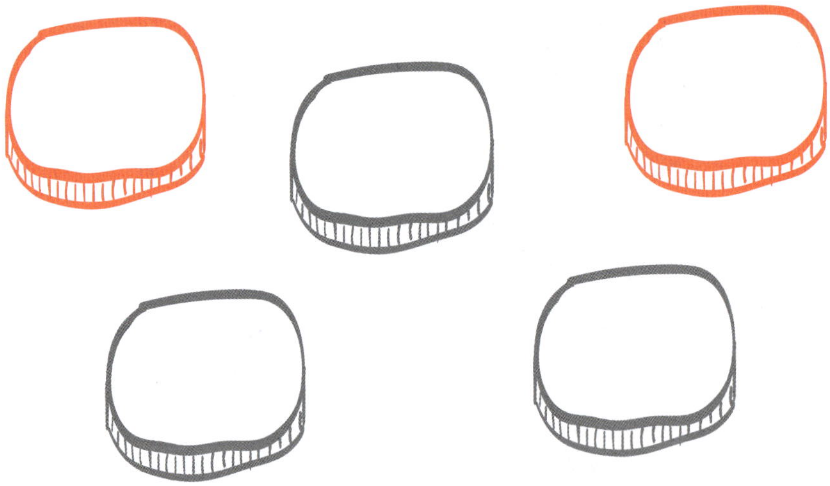

For you

更多你要做的

史黛丝的姐姐建议她应该同其他的朋友待在一起。俄德怀斯博士认为，这是一个好主意，他也建议史黛丝可以试着交一些新的朋友。想想你的朋友们，尤其是那些对你不错、让你感觉良好的朋友们。

你和这些朋友有哪些共同点?

………………………………………………………………

说一下，你为什么喜欢和他们待在一起。

………………………………………………………………

你是怎么认识他们的?

………………………………………………………………

Share 结交新朋友的一个简便方法，就是通过你们共同的兴趣爱好，例如打篮球或听音乐。你最喜爱的活动是什么呢？

Idea 在一场活动中，如果你想友好地与另一个孩子进行交谈，你会说些什么呢？

Activity 26

活动26 “你最好给我小心一点儿！”

·你要知道· 恐吓的话是非常可怕的。如果一个欺负者恐吓你或者其他人，你又很担心接下来要发生的事情，那去告诉一位你信任的成年人——尤其是当你遇到的这个欺负者比你年龄大、比你长得壮时。如果你担心这个欺负者发现是你举报的，那就告诉那个成年人，你不想让欺负者知道，是你把这个威胁他人的行为说出去的。

切尔西正在电影院看电影，这时，她想去卫生间。当她走进卫生间，发现除了她在学校认识的两个女孩之外没有其他人。那两个女孩正在卫生间抽烟，她们和切尔西说："你最好不要把这件事说出去！"切尔西回到自己的座位后，并没有把这件事告诉她的朋友。她觉得那样做是泄露秘密。

第二天，切尔西在学校看见了那两个女孩。她们走到她跟前，又和她说了一遍，最好不要说出去，否则她会后悔的。切尔西并不知道她们可能会做什么，但她感到她们是在恐吓她，这让她感到紧张不安。

那天晚上，切尔西把这件事告诉了她的哥哥。他们一致认为，对切尔西来说，最好的办法就是和她的朋友待在一起。于是，切尔西决定，不管是在公交车上、在餐厅里还是在操场上，她都会和自己的朋友们待在一起。与朋友待在一起让切尔西觉得更有安全感。不久之后，那两个女生就不再恐吓切尔西了。

你 要 做 的

以赛亚正在学校餐厅里排队，这时，卡尔来到他身后，用一种低沉的声音、威胁的语气和他说：“把你的午餐费给我！否则……”以赛亚很害怕，于是就把自己的钱交给了他。然后，卡尔还警告以赛亚，刚刚发生的事情最好不要告诉给任何人，否则他会让以赛亚后悔的。卡尔要以赛亚的钱并且威胁他这件事，已经不是第一次发生了。

如果你是以赛亚，你会有什么感受？

....

....

你会把你的午餐费给卡尔吗？为什么？

....

....

如果以赛亚当时正和一个朋友在一起，你觉得会发生什么呢？

如果以赛亚躲开了卡尔，你觉得会发生什么呢？

如果你是以赛亚，你会把刚刚发生的事情告诉其他人吗？为什么？

For you 更多你要做的

受到威胁会给你带来许多种感受——它会使你感到紧张、焦躁、焦虑、恐惧或害怕，使你心跳加速、呼吸急促。不要让欺负者看出你的真实感受，因为如果欺负者知道了，那欺负行为很可能会变得更加严重。要记住，这就是欺负者想要看到的结果。所以，努力使自己冷静下来，别让欺负者知道你的真实感受，这样做很重要。

让自己冷静下来、不再紧张焦躁的一个好办法就是深呼吸。深呼吸需要常常练习，所以，试着做几次，然后看看它是否有效。

- 坐在一把舒适的椅子上。闭上眼睛，然后吸气、呼气。把精力集中在呼吸上。
- 然后，深深地吸入一口气，再缓慢地将它呼出来。连续做3次。尽可能放慢你呼气的过程。
- 现在，从1数到5，然后再做下一次呼吸。这会使你的呼吸变得更加缓慢。重复这个过程，至少做4次。
- 现在，你应该感到比之前更加放松和平静了。在你从椅子上起来之前，请常规性地呼吸，大概1~2分钟。

花一点儿时间练习深呼吸，直到你适应了这个动作过程。然后，如果有人恐吓你或者试图威胁你，你就可以自己冷静下来。你会很好地控制自己的情绪。这样一来，你就不会使欺负者得逞，不会让他因为看到你胆怯而获得满足。

Activity 27

活动27　被打或被抢

· 你要知道 · 有些欺负者并不使用语言进行攻击，他们会推搡、击打或者做其他伤害你的事情。有的时候，他们会拿走并毁坏你的物品。这些欺负行为是十分可怕的。如果有人想要伤害你或者试图抢走并毁坏你的东西，你应该做的第一件事就是赶紧跑到一个安全的地方去，然后把这件事情告诉一位你信任的成年人。

伊桑在自己的生日那天得到了一个崭新的游戏机。他很兴奋，迫不及待地想要展示给所有的朋友看。当他坐公交车去学校时，伊桑就和他的朋友们谈论起了这个游戏机，打算下次见面时一起玩。罗格听到了他们的谈话。罗格比伊桑高两个年级，大家都知道，他是一个喜欢欺负别人的学生。

之后，伊桑从公交车上下来，准备去图书馆还一本已经超期的书。罗格就在伊桑身后跟踪他。罗格抓住伊桑，把他带到一个别人看不见他们的地方。然后罗格把伊桑推倒，抢过了他的背包，并把那台新的游戏机拿走了。直到罗格离去，伊桑才敢走进学校，因为他害怕罗格会回来，他不想自己一个人孤单面对。

然后他就去了学校医务室。他告诉校医自己感觉不舒服，想回家。校医注意到伊桑的头上肿起了一个包，就问他这个包是怎么回事。一开始伊桑什么也没有说，但是校医看得出来，伊桑肯定是遇到麻烦了，就问他到底发生了什么。这时候，伊桑决定把罗格的所作所为全都告诉校医。

For you 你要做的

伊桑并没有试着反击，也没有制止罗格拿他的游戏机。

你认为伊桑这样做是明智的吗？为什么？

你觉得伊桑是否应该制止罗格拿他的游戏机？为什么？

对伊桑来说，为什么逃离罗格、到一个相对安全的地方会如此重要？

如果你是伊桑，你会把刚刚发生的事情告诉校医吗？为什么？

更多你要做的

有没有人在欺负你时对你实施过暴力，比如推你或者打你？如果你没有遇到过这种情况，那你有没有看见过他人遭遇这种情况？请把发生的事情写下来。

……………………………………………………………………………………

你有机会逃跑吗？

……………………………………………………………………………………

如果你有机会逃跑，你会怎么做呢？

……………………………………………………………………………………

你有没有把这件事情告诉其他人？

……………………………………………………………………………………

你会把这件事情告诉谁呢？

……………………………………………………………………………………

Activity 28

活动28　闲话和谣言

·你要知道· 闲话，是指人们故意传播与自己并不相关的小道消息，或者以一种尖酸刻薄的态度在背后谈论别人、说别人的坏话；谣言，是指被重复传播多次的小道消息，但是并没有人可以确定这个消息是真实的。散布谣言和说闲话的行为是残忍的，因为这种行为会对他人造成伤害，所以做出这种行为的人就是欺负者。

如果有人曾经说过你的闲话，你应该可以体会被人说闲话有多难受。这个闲话是否真实已经不重要了，即使它是真的，但你也不想让其他的孩子知道并且谈论，因为这不关他们的事儿。

迈克尔的父母离婚了。迈克尔班上的同学就把这个消息在班里大范围地传播。这让迈克尔感到非常难过。

詹娜准备开始上一些帮助她克服学习障碍的特殊课程，但她却看到一些同学对她指指点点，并且窃窃私语着什么。她试着走近他们，他们却马上停止了谈论。这让她感到很不舒服。

人们在传播一个谣言时，并不确定它是否真实。在大多数情况下，谣言是故意被用来伤害那个传闻中所提到的人的。

亚历克斯和乔治在同一个足球队。亚历克斯不喜欢乔治，因此，他告诉队里的其他孩子，乔治能加入这个球队，是因为他们的教练是乔治爸爸的好朋友。他还说，没有哪个球队愿意要乔治。不久，所有的孩子都开始在乔治的背后谈论他。乔治感到很糟糕、很痛苦，他甚至都不愿意再继续踢足球了。

For you 你要做的

- 如果你是迈克尔，你会有怎样的感受呢？如果周围的孩子谈论你的家庭，你会生气吗？

- 如果你是詹娜，你会有怎样的感受呢？如果你知道周围的孩子在背后谈论你，你会生气吗？

- 如果你是乔治，你会有怎样的感受呢？

- 有人曾经说过你的闲话或者散播过关于你的谣言吗？都说了些什么？它给你带来怎样的感受？

你有没有说过他人的闲话或者散布过他人的谣言呢？你觉得你的行为算不算是一种欺负行为呢？

For you

更多你要做的

没有人必须忍受谣言和闲话，下面列出的一些做法可以帮助你阻止这种欺负行为。

如果这个闲话或谣言是关于你的

- 如果这个闲话或谣言不是真实的，那就请你把实情告诉其他人。你可以去找你的朋友们，让他们帮你把实情告诉更多的人。
- 如果这个闲话或谣言是真实的，但你又不想让其他孩子谈论它，那么你需要把你的想法与感受告诉他们。
- 如果你知道是谁最先传播这个闲话或谣言的，并且你觉得没有什么危险，那么你可以去和这个人谈谈。记住，要在人多的室外与他谈话，并且最好带上一位朋友，这会使你更有安全感。
- 如果你无法自己处理这件事情，需要在别人的帮助下才能解决问题，那就把这件事情告诉其他人，比如你的哥哥或姐姐，也可以找一位你信任的成年人。

如果这个闲话或谣言是关于别人的

- 不要再去传播这个闲话或谣言。
- 和那个告诉你这个闲话或谣言的人说，不要再传播了。
- 如果你想帮助这个被闲话或谣言困扰的人，那就试着了解他想让你帮他做些什么。如果这个闲话或谣言不是真实的，你可以帮他澄清；如果这个闲话或谣言很伤人，你可以告诉其他人，让他们不要再继续传播下去了。

Activity 29

活动29　打电话：不仅仅是一个游戏

·你要知道· 一个人把小道消息告诉另外一个人，然后另外一个人又把这个消息告诉其他人，就这样，谣言和闲话被散布开来，并且会持续下去。不久之后，谣言和闲话就会在一个地方传开，而且可能已经不再是当初的那个版本了。

你有没有玩过打电话的游戏？就是，一个人编一个故事，然后小声告诉另外一个人，那个人再把这个故事小声告诉下一个人，依此类推。在游戏过程中，这个故事被重复了多次，直到最后一个人大声地说出这个故事。这个游戏最有趣的部分就是，看看被别人传过的故事跟第一个人讲的故事之间有多大的不同。

谣言和闲话就是这样发生的。一个人传给另一个人，另一个人再传给其他的人……好了，你现在应该明白了。每次讲的故事，与上一次相比都会有所改变。没过多久，就没有人知道哪些是真实的、哪些是虚构的了。

所以，保证传播内容的真实性，理性、公正地传播，这一点非常重要。如果这个闲话或谣言是关于你自己的，那就把你的真实感受告诉他人；如果这个闲话或谣言不真实，就请把真实的情况说出来；如果这个闲话或谣言伤害了你，那也请你把真实的感受说出来。

如果这个闲话或谣言是关于别人的，那就请你不要再把它传播下去了。这样，你才可以避免散布虚假的或者具有伤害性的消息。

For you 你要做的

科迪在这一年落下了很多课，因为他生病了。他打算去上暑期班补补课，这样才能在秋季学期和原先的班级一起上课。同年级的很多同学都知道了这件事，并对科迪议论纷纷。科迪不喜欢同学们在背后谈论他，但是他并没有试着去阻止，只是希望这件事能够很快过去。可是，各种谣言开始满天飞。其中一个谣言是科迪被留级了，另一个传言是他必须转学了。

你认为科迪应该怎么做？圈出你认为可以帮助他的那些办法。

跟造谣的同学们打一架
让造谣的同学不要再说了
把自己的感受告诉朋友
把事情的真相告诉其他同学
请朋友帮忙，把科迪的感受告诉其他造谣的同学
把自己的感受告诉哥哥
散播另一位同学的谣言
什么都不说
待在家里，不去学校
假装自己并未受到谣言的干扰

更多你要做的

麦迪逊去医院检查身体。她和爸爸在候诊室里等待检查，这时，他们看到尼克从医生的办公室里走了出来。麦迪逊听到医生对尼克的妈妈说："他会好起来的。记得一定要让他远离蜜蜂，那会非常危险。"

麦迪逊回到家就给她的朋友安娜打电话，把自己在医院听到的事情告诉了安娜。第二天，在学校里，安娜就把麦迪逊告诉她的事情告诉了里奇和莱拉。但是里奇和莱拉却认为，安娜所说的不应该是"蜜蜂"（bee），而是"男孩"(boy)，然后她们又把这个事情告诉了吉姆和阿迈德：尼克如果和其他男孩待在一起会非常危险。不久之后，只要尼克在场，男生们就会表现得很奇怪。他们不愿在乘公交车时和他坐在一起，甚至他们不愿意和他一起玩耍。

你认为接下来会发生什么？请给这个故事写一个结尾。记得要写出尼克的感受，以及你认为他应该做什么来澄清谣言。

Activity 30

活动30　网络欺凌

·你要知道· 网络欺凌一般是在网络上，通过电脑、手机或是其他类似的设备而产生的欺负行为。网络欺凌与其他欺负行为一样残忍和可怕，有时候可能更甚。因为网络欺凌可以不受时空限制地降临到你头上，而且在多数情况下，你并不知道是谁干的。

玛利亚正在做作业，这时，她收到了一封来自陌生人的电子邮件。她并不认识发件人，但还是决定打开看看。电子邮件写道："我知道是你告诉詹妮弗，让她对我说谎。我会找你算账的。你最好给我小心一点儿！"邮件署名："整你。"

玛利亚感到非常害怕也非常困惑。她从未让詹妮弗对任何人撒谎。她很好奇到底是谁发了这封电子邮件，到底是谁想要伤害她呢？

她觉得要做的第一件事就是赶紧删除这封电子邮件。但是后来，她决定把电子邮件给爸爸看看。爸爸帮她建了一个防火墙，这样她就不会再收到"整你"发来的电子邮件了。

For you 你要做的

Share 说一说，你有没有遇到过这样的事情，或者这些事情有没有发生在你认识的人身上。如果你遇到过，或者你认识的人遇到过，请把具体发生了什么写下来。

- 你或者你认识的人有没有收到过恐吓邮件?

....

- 你或者你认识的人有没有在网上收到过一些令人感到难堪的图片?

....

- 有没有人曾经恶意散布过关于你或者你认识的人的谣言，并且通过网络把它传播给了全班同学?

....

- 有没有人曾经给你或者你认识的人发送过恐吓信息?

....

For you

更多你要做的

就像应对一般的欺负行为那样，这里也有一些方法可以帮助你免受网络欺凌的危害。

- 不要轻易打开陌生人发的电子邮件。
- 不要回复欺负者发来的邮件，这样做就相当于不理睬欺负者本人。如果你不理睬他，他就会觉得，欺负你已经不再有趣了。
- 适时停止。试着离开你的电脑一段时间。如果欺负者看到你并不在线，他可能会觉得无聊，然后就离开了。
- 和你的朋友待在一起。如果欺负者向你的朋友发送了一封关于你的恶意邮件，那就向他们寻求帮助，让你的朋友来支持你。
- 澄清谣言。如果欺负者散布了一条关于你的谣言，那就将事情真相公之于众。也可以请你的朋友帮助你澄清谣言，说出真相。通过电子邮件传播的谣言，其传播速度会非常快。因此，尽早澄清谣言十分重要。
- 不要向网络欺凌者发送恶意邮件回击，这样做会使情况变得更糟糕。
- 把这件事情告诉一位你信任的成年人。这位成年人可能会设法阻止欺负者再向你发送任何信息，或者采取其他的行动，所以，不要删除任何具有威胁性的电子邮件。

你曾经使用过这些办法吗？

如果你使用过，它们成功解决问题了吗？

具体发生了什么？

你今后再遇到类似情况时会采用这些办法吗？说说你会怎么做。

Activity 31

活动31　用户名和密码

·你要知道· 为了在上网时保护自己，请选用合适的用户名和密码，不要让它们泄露太多关于你的个人信息。

网络欺凌者常常会冒充一些和你比较熟的人，并以此制造各种麻烦。

特洛伊接到了朋友德里克的电话。德里克很生气，他想知道，特洛伊为什么在网络聊天室①里，用如此尖酸刻薄的话谈论他。特洛伊解释说，自己从未这样做过，也永远不会这样做，因为德里克是他的好朋友。于是，两个男孩这才意识到，有人盗用了特洛伊的用户名和密码，冒充了他。

特洛伊感到十分不安。他意识到，对于网络欺凌者来说，想要盗取他的个人信息并不难。他的电子邮箱地址和用户名都用了“特洛伊”，并且他的密码用了自己的生日“813”，8月13日。他意识到，自己已经把这些信息泄露给了很多人。他甚至还把自己的用户名和密码写在了笔记本里，并把这个笔记本放在了自己的储物柜里，很多人都可以轻而易举地找到。

特洛伊所经历的这件事情并非罕见。下面有一些网络安全方面的小建议，你需要熟悉并遵守，它们可以帮助你避免遭到网络欺凌者的侵害。

- 你希望你的朋友可以给你发送电子邮件，但是你并不希望有陌生人会根据你的电子邮箱用户名知道你是谁。因此，请不要使用你的全名、家庭住址或者电话号码作为你的电子邮箱地址。
- 注册网络聊天室时，不要使用和你的电子邮箱相同的用户名和密码。

---

① 译者注：网络聊天室是指在一个网络中，许多人通过文字等方式交谈聊天的场所。我们小学生接触更多的可能是论坛、QQ群、微信群等网络群聊的形式。

- 请选用你自己容易记住的用户名和密码，但是请确保用户名和密码不要过多地泄露你的个人信息。
- 除了你的父母之外，不要让其他任何人知道你的用户名和密码。这样就没有人可以登录你的账号，读取你的电子邮件或者冒充你上网聊天了。

For you 你要做的

- 你有没有在喜欢的电子聊天室或者是聊天网站注册过用户名和密码?

……………………………………………………………………

- 你的用户名是你的电子邮箱地址吗?

……………………………………………………………………

- 你的用户名会泄露出关于你的一些信息吗?

……………………………………………………………………

有多少人知道你的用户名和密码?

你认为，你的用户名密码是否容易被他人盗取?

如果你认为，有许多人都知道你的用户名和密码，那就再改一个新的吧。充分发挥你的想象力，想出一个对你自己来说容易记住却不容易被他人猜到的用户名和密码。如果你想要使用数字的话，千万不要使用你的生日。

你的电子邮箱地址会泄露出关于你的一些信息吗?

如果你的电子邮箱地址是你的全名，那么你也该换一个新的电子邮箱地址了。但要确保这个新的电子邮箱地址跟你网络聊天的用户名是不一样的。除了你的父母，不要把你的用户名和密码告诉其他人。

For you

更多你要做的

看一看，你是否可以帮助这些孩子选择一个容易记住的用户名和电子邮箱地址。要记住，不要使用他们的真实姓名。

唐尼·詹金斯长了一双蓝色的眼睛和一头红色的头发。他最喜爱的运动是打棒球，他在球队里担当二垒手，是很强的选手。他最喜爱的科目是数学。

- 对唐尼来说，一个比较好的用户名可以是 ....
- 对唐尼来说，一个比较好的电子邮箱地址可以是

....

艾玛·奥玛拉在学校乐队里负责吹长笛。她有一个孪生哥哥，她的哥哥也在学校乐队。她最喜爱的食物是巧克力口味的冰激凌。她最喜爱的颜色是黄色。

- 对艾玛来说，一个比较好的用户名可以是 ....
- 对艾玛来说，一个比较好的电子邮箱地址可以是

....

迭戈·赫尔南德斯喜欢写故事，然后把它们读给同学听。他甚至还为学校开放日的班级表演写了一台话剧。他最喜爱的书是《局外人》。长大以后，他想成为一名作家。

- 对迭戈来说，一个比较好的用户名可以是 ....
- 对迭戈来说，一个比较好的电子邮箱地址可以是

....

桑德拉·约翰逊喜欢踢足球，她是一名非常优秀的守门员。她最喜爱的科目是社会研究。她有一只名叫奥斯卡的猫和一只名叫巴蒂的金丝雀。

- 对桑德拉来说，一个比较好的用户名可以是 ....
- 对桑德拉来说，一个比较好的电子邮箱地址可以是

....

保罗·戈迪是一个对篮球十分狂热的球迷。他喜欢芝加哥公牛队，并且常常穿着公牛队的夹克衫，戴着公牛队的帽子。他的梦想是做一名职业篮球运动员。他最喜爱的食物是意式香肠比萨。

- 对保罗来说，一个比较好的用户名可以是 ....
- 对保罗来说，一个比较好的电子邮箱地址可以是

....

Activity 32

活动32　令人难堪的图片

·你要知道· 在网络上散布一些让人难堪的图片，是网络欺凌的另一种形式。我们可以通过手机、网络或者电子邮箱发送照片，而这只需要短短1秒钟的时间。如果网络欺凌者在网络上发布了令你难堪的图片，那就赶紧寻求帮助，把这件事情告诉一位你信任的成年人。

达瑞恩接到了朋友马修打来的电话。马修说，他们班里所有的同学都收到一封电子邮件，告诉他们要去一个大家都喜欢的网络聊天室聊天。当达瑞恩登录之后，他看见有人在上面发布了一些让自己感到难堪的照片。这些照片是在体育课后的更衣室里拍的。

达瑞恩觉得，这件事情一定是自己的错，但其实不是这样的。他没有做错任何事，他也无法事先阻止网络欺凌者欺负自己。但他一直到晚上睡觉之前，都在因为这件事情而责怪自己。

第二天，他感到很羞愧，甚至都不想去上学了。他的妈妈走过来问他到底发生了什么。起初，达瑞恩什么也不想说。但是最后，他决定把这件事情说出来。这样做非常好，因为达瑞恩无法一个人处理好这件事情。他的妈妈和网络服务供应商取得了联系，于是他们便开始调查，试图找出到底是谁发布的那些照片。

For you 你要做的

为了帮助达瑞恩接受这个事实——刚刚发生的事情并不是他的错，达瑞恩可以去想一些积极的事情。请用√选出那些可以帮助达瑞恩的积极想法，用×划掉会使他感觉更糟的消极想法。

这都是我的错
发生这件事与我无关
我没有做错任何事
我是怎么让它发生的呢？
我把它搞砸了
我真是太愚蠢了
这不是我的错
他们是对的，我就是个傻瓜
我一定是做错了什么
我无法制止这件事情的发生

For you 更多你要做的

达瑞恩的那些照片是由一个网络欺凌者发布的。有的时候，孩子们会把自己的照片发到网上，却并没有意识到这些照片会被其他人看到，并用来对付他们。这些孩子并没有意识到：你永远都无法确定自己发布在网上的内容是否会被一直保密。所以请记住：不要把那些你不想让所有人看到的东西发布到网上。

现在，假设你是一家报社的记者。请写一篇小短文，内容是关于一位小女孩把自己的一张照片发给了她的朋友，照片上标注着“只给你看”。但是这张照片被一个网络欺凌者发现了。请报道一下，具体发生了什么，那个发布原始照片的女孩有什么感受，以及她在发现这件事情以后会怎么做。

周日新闻

第二卷第十三期	美国艾佛瑞镇	36 美分

网络欺凌者在网上发现了照片

Activity 33

活动33　当朋友欺负朋友

·你要知道· 有些孩子总是喜欢命令自己的朋友，指挥他们做事，规定他们以什么样的态度应对某件事，以及喜欢谁、讨厌谁。你可能没有意识到这些孩子的行为就是在欺负他的朋友。发号施令，要求别人以他的方式做事，只能喜欢他喜欢的事物，这就是一种欺负行为。

如果你有一个总是喜欢对你发号施令的朋友，那么你应该做的第一件事就是自己站出来，让你的朋友知道，你不喜欢被他人摆布。要保持坚定勇敢，同时也要注意礼貌。这个时候就适合使用你在活动13里学到的I-Message。记住，I-Message应该表达出你的感受、解释造成你产生这些感受的原因，以及你希望别人应该怎么做，而不是贬低他人或者跟别人吵架。I-Message一般以“当你……我感到……”这个句型开始表达。

汉娜最喜爱的电视节目就是《魔法师的奇幻故事》，她最好的朋友阿莉莎却说这个节目挺傻的，并且因为汉娜喜欢看这个节目而叫汉娜“傻瓜”。她还讽刺汉娜的发型，取笑汉娜跳舞时的样子。于是，汉娜开始对自己没信心了。

其实，汉娜可以说：“当你嘲笑我的样子以及我喜欢的事物时，我感到很受伤。我不喜欢你总是贬低我，我希望你不要再这样做了！”

约瑟夫和萨姆总是待在一起。他们在同一个班级，又在同一个棒球队，他们还喜欢一起打游戏。但是每次萨姆到约瑟夫的家时，萨姆总是要求两个人只能做他想做的事。不管约瑟夫说什么，萨姆总会强迫他接受自己的想法。如果约瑟夫不愿意，萨姆就说他要回家了。约瑟夫喜欢萨姆这个朋友，但是现在，跟他待在一起已经变得没那么有趣了。

其实，约瑟夫可以说：“我感到被忽视了，因为你从不在乎我的想法和感受。我希望你可以和我轮流决定我们应该玩什么。”

For you 你要做的

- 你有一个喜欢发号施令的朋友吗？如果有，你和他在一起时有什么感受？

- 你觉得，把你的真实感受告诉你的朋友会有帮助吗？

- 请用I-Message的方法写一段话，内容是告诉你的朋友，让他停止欺负行为。

- 现在，练习说出你的I-Message，直到你感到心情好转为止。通过这种方式，你就可以在下次朋友试图对你发号施令时有所准备。如果你决定使用这些信息，就请你把会发生的事情写下来。

For you 更多你要做的

你认为，好朋友应该具备哪些品质？请设计一些保险杠贴纸，在上面写上“一个好朋友要……”你可以从下面的列表中选出一些好的品质，或者写一些你自己认为的其他好的品质。

- 使你对自己充满信心、感觉良好
- 不会对你发号施令
- 关心你的感受
- 为你挺身而出
- 当你快乐时也会感到快乐
- 信守诺言
- 不会贬低你
- 愿意帮助你
- 当你感到伤心难过时帮助你，让你感觉好受些
- 尊重你

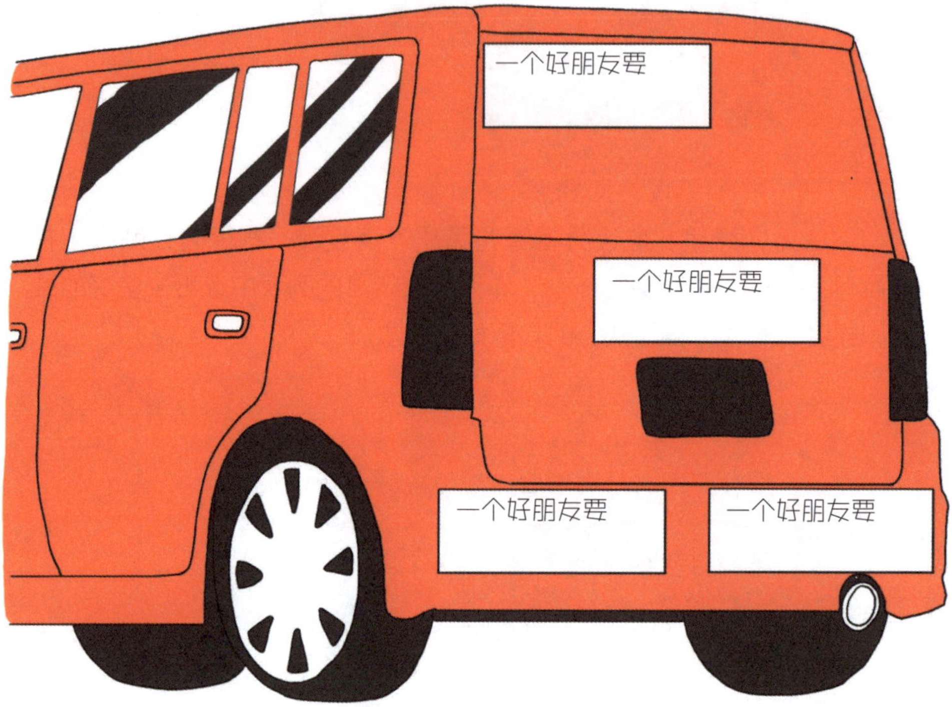
一个好朋友要
一个好朋友要
一个好朋友要
一个好朋友要

Activity 34

活动34 “我是为了你才这样做的”

·你要知道· 有的时候，你的朋友会尝试说服你去做一些你并不愿意做的事情，而且你知道这些事情是错的。这个朋友会让你因为碍于情面，顾及与他的友情，而不得不陪他一起做坏事。如果你遇到了这样的事情，你有权对他说“不”。

“我是为了你才这样做的。”有没有人曾经对你说过这样的话，让你在听完之后，因为之前没有和他去做一件你自己并不喜欢的事情而感到羞愧？这是一种欺负行为，通常发生在朋友之间。

例如，麦克想让杰克帮他望风，这样他就可以从另一个孩子的背包里偷钱了。杰克知道这样做是错误的，所以他不想和麦克一起做这件事情，但是麦克不停地劝他：“我是为了你才这样做的。以后如果你需要帮助的话，我会帮你的。”以及“你还是不是我的朋友了？”

杰克应该怎么做呢？他可以为自己站出来，勇敢一些，对杰克说“不”。杰克必须尽快地结束这种谈话，因为麦克说得越多，麦克就越有机会说服杰克改变自己的想法。

所以，杰克必须拒绝他，并且要一直拒绝他。如果麦克问他为什么，杰克可以这样说：“因为我不想这样做。”他也可以简单说一下原因，像“因为我们会因此而惹麻烦的”，但杰克不应该给出过多的借口，因为这会使麦克获得更多的机会，说服杰克做这件坏事。

现在，我们还要思考一些其他的事情。如果你有一个朋友，他总是想要说服你做一些你并不想做的事情，那么你应该问问自己“这种朋友真的是我想要的吗？”如果这个人试图威胁你做一些危险的或者违法的事情，那么最安全的做法就是赶紧离开。通常来说，你可以为朋友做的最好的事情，就是给他树立一个榜样。这样一来，你的朋友或许就会向你学习了。

你 要 做 的

爱丽丝试图说服桑尼从桑尼奶奶的包里偷香烟。桑尼并不想这么做，于是她和爱丽丝说不行，但是爱丽丝不愿意就此放弃。下面有一些办法可以帮助桑尼结束这次谈话。在桑尼可以尝试说的每个例句后面，请加上你的建议。

▶ **转移话题。**

如果爱丽丝说：“我们去拿香烟，然后去外面抽烟吧。”

桑尼可以说：“不要。你觉得乔斯可爱吗？”

▶ **或者她可以说：**

▶ **开个玩笑。**

如果爱丽丝说："我们去拿香烟，然后去外面抽烟吧。"

桑尼可以说："不要。我奶奶在她的包上安装了报警器。如果有人碰到了它，就会响起警报！"

▶ **或者她可以说：**

▶ **找到另一个选项。**

如果爱丽丝说："我们去拿香烟，然后去外面抽烟吧。"

桑尼可以说："不要，我饿了。我们还是去买冰激凌吧。"

▶ **或者她可以说：**

For you

更多你要做的

请看下面的图片，并在每一幅图片右面的横线上写出被欺负者可能说哪些话，来制止这些欺负行为。

来一根吧，很好玩！

告诉我答案，不然就跟你绝交！

拿一个吧，
没人
会知道的！

Activity 35

活动35　小团体

·你要知道· 拥有一群和你有共同的兴趣爱好、让你对自己充满信心的朋友，这种感觉很好。但是，有些朋友却不是这样的。这群朋友可以称之为“小团体”。小团体不欢迎其他人的加入。通常情况下，小团体都会有自己的领导者，并由他来制订规则：怎样行动，穿什么衣服，与谁交朋友。

索菲娅和她同级的一个女生小团体关系不错。在大多数情况下，她们喜欢做同样的事情。但是这个小团体中的每个人都知道，克洛伊和玛西才是她们的领导者。谁可以加入到这个团体中，谁会被开除，都由她们两个人决定。

在索菲娅和表妹露西共同度过了几周的暑假之前，她从未考虑过这个小团体的问题。直到有一天，索菲娅才意识到这个问题。露西喜欢下象棋，于是就教索菲娅一起玩。在露西的帮助下，索菲娅的象棋下得非常好。回到学校后，索菲娅就告诉团体中的朋友们，自己要加入学校的象棋俱乐部。她对此感到很兴奋。

但是，克洛伊和玛西并不喜欢这个想法。“我们不下象棋。”她们说道。她们还因为索菲娅想要下象棋而贬低她。她们向索菲娅声明，如果她敢加入象棋俱乐部，她就会被逐出这个团体。

索菲娅不知道该怎么办。她们是她的朋友，但是现在，她们却像对待一个外人一样对待自己。然后她想到了团体中的女生们做的其他一些事情：她们故意取笑那些不属于这个团体的人，并且对她们不喜欢的孩子的态度不好。她们都听从于克洛伊和玛西，因为她们害怕给这两个人留下坏印象。

索菲娅感到很沮丧，也很困惑。于是，有一天，她把这件事情告诉给奶奶。在奶奶的帮助下，她看清了这个团体是个小团体的事实，克洛伊和玛西就是两个欺负者。她们并不是好朋友，并且这个团体中的其他女孩和克洛伊、玛西相处得也不好。

于是，索菲娅决定加入象棋俱乐部，并且要结交新的朋友：和不排斥他人的人、对他人友好的人、支持她的人交朋友。从那以后，那个小团体中的一些女孩也体会到了索菲娅之前的感受。于是她们也纷纷退出了小团体，并且感到自己更快乐了。

For you 你要做的

在这个找词的游戏中，所有的词都是形容朋友群体的。找出这些词，并用红色圆圈圈出那些适合形容小团体的词，用绿色圆圈圈出其他的词。你也可以选择做后面的中文版找词游戏。

outsider	bully	kind	nice	supportive
include	rules	mean	exclude	caring
closed	open	friendly	bossy	leader

M	C	E	X	C	L	U	D	E
T	O	U	T	S	I	D	E	R
S	C	A	R	I	N	G	K	F
U	S	R	E	K	I	N	D	R
P	O	J	S	N	I	C	E	I
P	L	E	A	D	E	R	T	E
O	K	B	N	M	R	L	O	N
R	B	B	C	E	R	R	P	D
T	U	O	T	A	X	U	E	L
I	L	S	F	N	C	L	N	Y
V	L	S	U	M	E	E	L	Y
E	Y	Y	L	U	S	S	P	D
O	M	I	N	C	L	U	D	E
U	C	L	C	L	O	S	E	D

外人 欺负者 仁慈 友善 支持 含括

规则 刻薄 排外 关心 封闭 开放

友好 发号施令 领导者

外	方	善	好	支	撑	仁	心	朋	友	好
慈	仁	友	现	在	持	你	学	习	考	文
开	学	慈	你	老	师	包	括	考	学	努
放	新	好	规	文	学	问	排	外	力	内
真	刻	诚	则	朋	封	闭	自	仁	信	诚
者	班	薄	号	令	朋	学	认	真	友	你
领	导	者	信	号	欺	负	欺	学	关	考
试	上	天	客	问	友	真	负	时	规	心
学	外	人	则	欺	善	负	者	数	家	辈
你	含	括	报	作	长	成	绩	我	努	业
外	放	他	实	发	号	施	令	力	学	诚

哪些词最能恰当地形容你的朋友们?

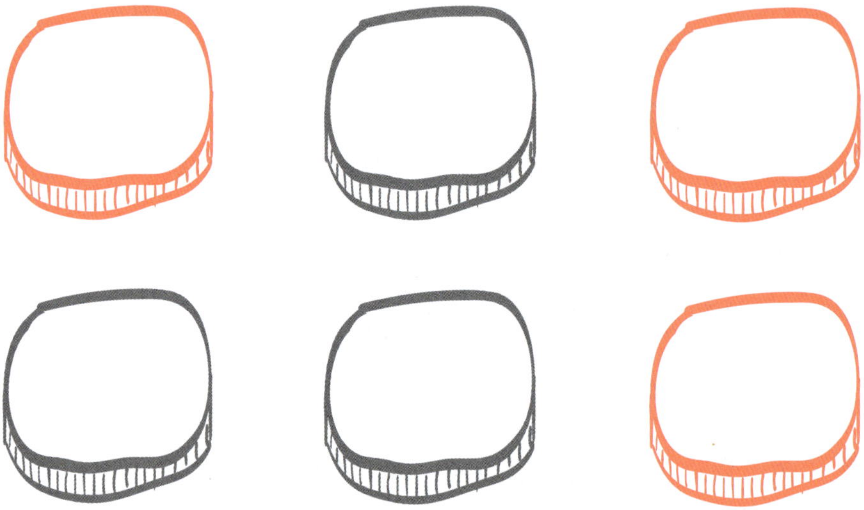

For you

更多你要做的

成为团体中的一员，对一些孩子来说是非常好的，但是有些孩子却觉得有一到两个朋友就够了。许多孩子会和不同团体的人交朋友。例如，他们属于学校的乐队，又在球队里打球，并且与这两个团体都相处和谐。

还有一些孩子，他们发现自己的兴趣爱好是变化的。他们可能之前非常喜欢足球或者体操，但是现在，他们又喜欢上了其他的事物。于是他们就结交了新的朋友，这些新朋友与他们有着共同的新的兴趣爱好。

你喜欢加入到一个团体中吗？还是你觉得拥有一个或两个朋友会让你感到更快乐？

你喜欢做些什么？

你的朋友们也喜欢做这些事吗？

你想去尝试哪些新的事情？

你知道还有哪些孩子也有这样的兴趣爱好？你可以和他们聊聊天吗？

Activity 36

活动36　当你看到发生欺负行为时

· 你要知道 · 每个人都亲眼见过欺负行为的发生。这种情景可能是你的朋友遭到欺负，也可能是你不认识的人遭到嘲笑、骚扰或威胁。看到这一幕通常会让你感到害怕，可能感觉就像自己被欺负一样。

你有没有看到过别人被欺负？亲眼看到那一幕会非常可怕。

帕特里克和诺亚正在去练习打棒球的路上，这时，他们看到了几个年龄稍大一点儿的男孩站成一圈，把跟帕特里克他们同年级的肖恩包围了起来。其中一个男孩推了肖恩一把，然后另一个男孩又推了肖恩一下。从肖恩的脸上，帕特里克和诺亚可以看出，他真的很害怕。

“你觉得我们应该怎么办？”帕特里克问诺亚。

“我觉得我们应该管好自己，并尽快离开这里。”

“但是肖恩怎么办？”帕特里克问道，“那些人真的会伤害他。”

什么也不去做也会让人感到苦恼，那你应该做些什么呢？首先你需要知道，你不能把自己也置于危险之中。如果你看到有人正在遭受欺负，你知道这很不安全，那就尽快去告诉一位成年人。要记住，这样做不是在泄露秘密。如果你担心欺负者会发现是你把这件事说出去的，那就把你的这种担心也告诉那位成年人。

帕特里克和诺亚就是这样做的。他们刚到达练习棒球的地点，就把这件事情告诉了他们的教练，然后教练就去帮助了肖恩。

For you 你要做的

并不是所有的欺负行为都像帕特里克和诺亚看到的那样危险。因此，当你看到不危险的欺负行为发生的时候，你可以帮助被欺负者做些事情。如果你假扮成那个被欺负或者被嘲笑的人的朋友，那么欺负者在看到你之后，可能就会收手。

杰西卡知道，伊莱和达林喜欢嘲笑玛丽莎。因此，当她在餐厅看到他们在玛丽莎身后排队时，她就大声叫玛丽莎，让她和自己一起坐。这样，玛丽莎就会远离那两个男孩了。

罗素知道，这辆公交车上的几个大孩子有时候会欺负贾斯汀。如果贾斯汀旁边有空位，他们中的一个就会坐在那个空位上，然后骚扰贾斯汀。如果他旁边没有空位，他们也就只好作罢了。因此，罗素每次都会尽可能地坐在贾斯汀旁边。

玛利亚知道，有几个坏女孩总是喜欢嘲笑路易莎，因为路易莎非常胖。所以，玛利亚就告诉路易莎，自己会站在她这边支持她。并且，玛利亚和自己的朋友们还特地邀请路易莎和她们一起玩，这样路易莎就不会孤单了。

你可以假扮成谁的朋友，帮助他免受欺负呢？

具体应该怎样做呢?

你会做些什么帮助他?

你觉得这样做会给你带来怎样的感受?

你觉得这样做会让其他人产生怎样的感受?

For you 更多你要做的

有的时候，被欺负的人并不是你的朋友，而你的朋友恰好是欺负者。如果这样，你该怎么做？首先，你不要试图以任何方式，例如冲他笑或者欢呼，鼓励或者怂恿欺负者。要记住，欺负者喜欢得到关注，所以，你给他任何形式的鼓励，只会让情况变得更加糟糕，那个被欺负的孩子也会因此而受到连累。

如果你可以和你的朋友谈一谈，并且你也不害怕他，那就试着和他谈谈吧。你的朋友可能以为这只是一个玩笑，没有意识到这竟然是一种欺负行为。还有一个好的办法，就是请你的其他朋友来跟你一起，与这个欺负者谈一谈。

但是，如果这个欺负者不愿意停止欺负行为，那么，这个时候你应该问一下自己："这种朋友是我想要一直交往下去的吗？"

- 你有没有一个总是喜欢欺负他人的朋友?
- 你认为，你的朋友有没有意识到，你把他当作了一名欺负者?
- 你可以跟你的朋友谈一谈吗?
- 为了制止这个欺负行为，你可以对他说些什么?

为了得到其他朋友的帮助，你可以对他们说些什么？

要记住，不要把自己置于危险之中。如果你认为不安全，那就不要孤身一人挺身而出去对付欺负者。如果你觉得有人会在这场欺负中受伤，那就去向你信任的成年人寻求帮助。

Activity 37

活动37　处理压力的正确方式

·你要知道· 对许多孩子来说，压力是造成欺负行为的一大诱因。有一个健康的生活方式，是应对压力的最佳解决方法之一。一个健康的生活方式意味着，你需要吃得好，勤锻炼，还要有充足的睡眠。

压力是指当你对某个情景感到担忧、害怕或者不舒服时，你体会到的一种感受。毫无疑问，遭到欺负者的攻击也会使你感到压力。

学校里的一些学生想要发起一场反对夏洛特的活动。因为有人散布谣言，说夏洛特从其他同学的储物柜里偷了钱，并且还在考试中作弊。欺负者甚至还把印有关于她不好的评语的图片发布到了网络上，还取笑她唱歌难听，嘲笑她在美术课上画的画，讽刺她的穿着和发型。夏洛特感到很痛苦，她觉得自己总是处于一种被攻击的状态。

夏洛特并没有隐藏自己的感受，而是选择把这一切告诉妈妈和姐姐。在她们的帮助下，夏洛特感觉好多了。她的朋友们也支持他，并且告诉其他同学，关于夏洛特的谣言不是真的。她还试着做一些自己喜欢的事，像听音乐、写日记和读书。她从书中学到了健康的生活方式是如何帮人应对压力的。

拥有一个健康的生活方式意味着：

- 营养均衡，早餐要吃得健康，这样才能帮助你以充沛的状态，开始崭新的一天。
- 每天锻炼30~60分钟。
- 睡眠充足。在你这个年龄阶段，你需要每晚睡10个小时。

For you 你要做的

关于你应该吃哪些食物及食物分量如何，可在相关网站查询。你也可以在相关网站、书籍或专业人士的帮助下，为自己量身定制一份饮食计划。根据这个计划，你可以让自己摄入丰富多样的食物，特别是足量的水果和蔬菜。

请用下面的两个表格来记录自己每天的运动、睡眠情况，以及吃早餐的情况。请连续记录两周，看一看你是否在这两周里取得了一些进步。

	运动时间	睡眠时间	早餐
周日			
周一			
周二			
周三			
周四			
周五			
周六			

	运动时间	睡眠时间	早餐
周日			
周一			
周二			
周三			
周四			
周五			
周六			

如果你需要进一步改善生活方式，请制订一个目标计划，并把它写在这里。

For you

更多你要做的

做一些自己喜欢的事情会帮助夏洛特放松。同样，这样做也会对你有帮助。

在下面的空白处，制作一幅拼贴画，展示出你喜欢做的事情。如果你愿意，也可以在空白处画一幅画，来展现你喜欢做的事情。